日本の一年、節目の一皿

二十四節気七十二候
＋行事いろいろ
―食で季節を愛でる―

ワタナベマキ

小学館

はじめに

私が、二十四節気七十二候に深く興味を持ったきっかけは、詩人で友人の白井明大さんが2012年に出版された著書、『日本の七十二候を楽しむ　―旧暦のある暮らし―』との出会いでした。白井さんの優しい言葉で綴られた解説は文献を読むような堅苦しさがなく、日々の暮らしにすっとなじんで入ってきました。

二十四節気七十二候を一つひとつ読み解いていくと、五感が健やかに開かれていきます。さまざまな情景が浮かび、草木の香りや、季節の移ろいの折々に聞こえる音。動物の鳴き声や虫の音、風の音、まさに今、花が開こうとするときの密やかな音、熟した実が落ちる音。自然界が奏でるそんな音が聞こえる気がします。そして、健やかな大地や山や海から生まれる旬の食材の味さえも感じます。今や、二十四節気七十二候は私の暮らしの、とりわけ食の大切なベースとなっています。

一年365日。一日たりとも同じ日はありません。二十四節気七十二候を〝料理で読み解く〟といってもむずかしいことではありません。畑に行ってみたり、ときには散歩の途中で旬と出会ったり、そんな風にして季節の繊細な移ろいを感じ、食材が育った土地土地の風土を感じることから始まります。みんなが忙しく暮らす現代にあっては贅沢なことかもしれません。でも、どんな時代であっても繋いでいきたい思いです。

七十二候には、言葉の響きが心地よく、季節の情景が瞬時に浮かぶ大好きな候がいくつもあります。たとえば、三月中旬の桃始笑《ももはじめてさく》。笑という字でさくと読む。なんて楽しいのでしょう。桃の花の開花前線が少しずつ北上して、日本列島が満開の桃の花のピンク色に包まれている明るい情景が連想でき、そして、新年度が始まる幸福感とやる気に満ちみちてきます。六月中旬の梅子黄《うめのみきばむ》。梅仕事で毎日大忙しの時分です。子どもの頃から梅の実が大好きで、梅干しの無い人生なんて考えられない私の生活に、これほど密着している候はないかもしれません。私たち人間は植物、食物、動物とともに自然界に在るのだということを二十四節気七十二候は教えてくれます。

この本は世代を超えて、たくさんの方々の日々の食卓を彩るヒントになってほしいという願いを込めて、私が日常に作る料理をベースに、ところどころに、節気や候と同じくらい暮らしの節目となっている小ハレの行事食も加えています。

季節の節目を食卓で味わう一助となり、長い間楽しんでいただける一冊としてもらえたら嬉しいです。どうぞ、今日はどんな日？　何作ろう？　と迷ったらページをめくってください。

ワタナベマキ

本書の決まりごと

- 材料の豆腐1丁は300〜350gのものを指しています。
- 材料の特に表記のない酒は清酒、料理酒。砂糖は上白糖。小麦粉は薄力粉を使用しています。
- 材料の大さじ1は15㎖、小さじ1は5㎖、1カップは200㎖、1合は180㎖です。
- フライパンは特に記載のない場合、直径26㎝のものを使用しています。
- 作り方の調理時間は、ガスコンロ使用、電子レンジは600w、オーブントースターは1000w使用の場合です。お使いの調理器具の種類やW数によって、様子をみながら調整ください。
- 二十四節気、七十二候の読みと日取りは、明治の略本暦によるものです。行事の日取りは2024年度のものを入れています。また、構成の都合上、行事のページの位置が前後することがあります。

日本の一年は二十四節気、七十二候で巡ります

二十四節気は、太陽と地球の位置で決まるものです。一年を約十五日ごとに分けて、繊細に移り替わる自然現象を二文字で表しています。七十二候はさらに細かく約五日ごとに巡る節目で、動植物の様子を短文で表しています。農作業や暮らしの習わしの拠り所です。一つの節気に各三つの候で、一年は二十四の節気と七十二の候で成り立ちます。

春

立春《りっしゅん》	東風解凍《はるかぜこおりをとく》
	黄鶯睍睆《こうおうけんかんす》
	魚上氷《うおこおりをいずる》
雨水《うすい》	土脉潤起《つちのしょううるおいおこる》
	霞始靆《かすみはじめてたなびく》
	草木萌動《そうもくめばえいずる》
啓蟄《けいちつ》	蟄虫啓戸《すごもりむしとをひらく》
	桃始笑《ももはじめてさく》
	菜虫化蝶《なむしちょうとなる》
春分《しゅんぶん》	雀始巣《すずめはじめてすくう》
	桜始開《さくらはじめてさく》
	雷乃発声《かみなりすなわちこえをはっす》
清明《せいめい》	玄鳥至《つばめきたる》
	鴻雁北《こうがんかえる》
	虹始見《にじはじめてあらわる》
穀雨《こくう》	葭始生《あしはじめてしょうず》
	霜止出苗《しもやみてなえいずる》
	牡丹華《ぼたんはなさく》

夏

立夏《りっか》	蛙始鳴《かわずはじめてなく》
	蚯蚓出《みみずいずる》
	竹笋生《たけのこしょうず》
小満《しょうまん》	蚕起食桑《かいこおきてくわをはむ》
	紅花栄《べにばなさかう》
	麦秋至《むぎのときいたる》
芒種《ぼうしゅ》	蟷螂生《かまきりしょうず》
	腐草為螢《くされたるくさほたるとなる》
	梅子黄《うめのみきばむ》
夏至《げし》	乃東枯《なつかれくさかるる》
	菖蒲華《あやめはなさく》
	半夏生《はんげしょうず》
小暑《しょうしょ》	温風至《あつかぜいたる》
	蓮始開《はすはじめてひらく》
	鷹乃学習《たかすなわちわざをならう》
大暑《たいしょ》	桐始結花《きりはじめてはなをむすぶ》
	土潤溽暑《つちうるおうてむしあつし》
	大雨時行《たいうときどきふる》

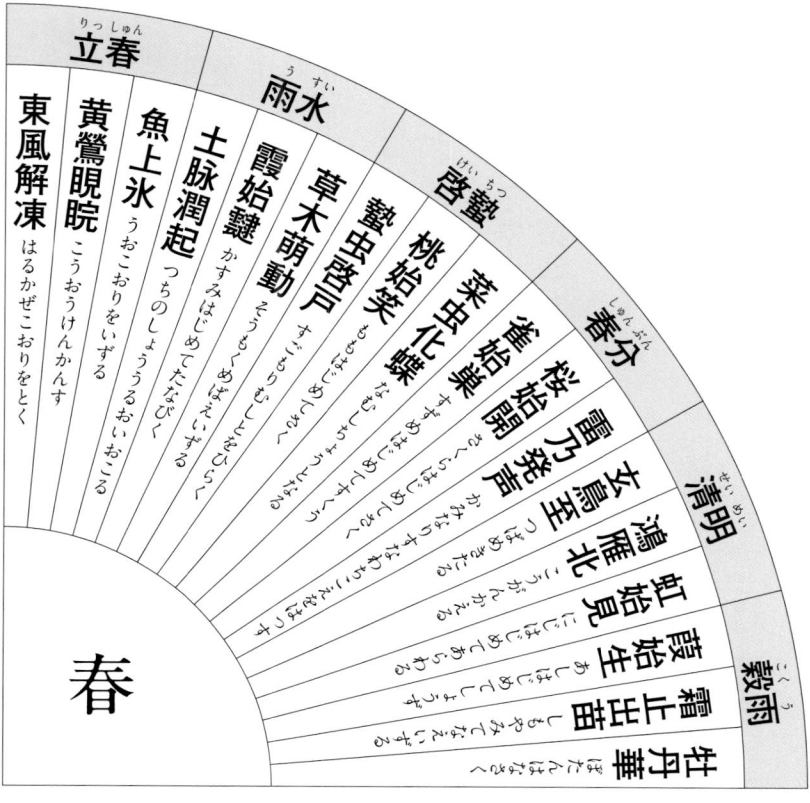

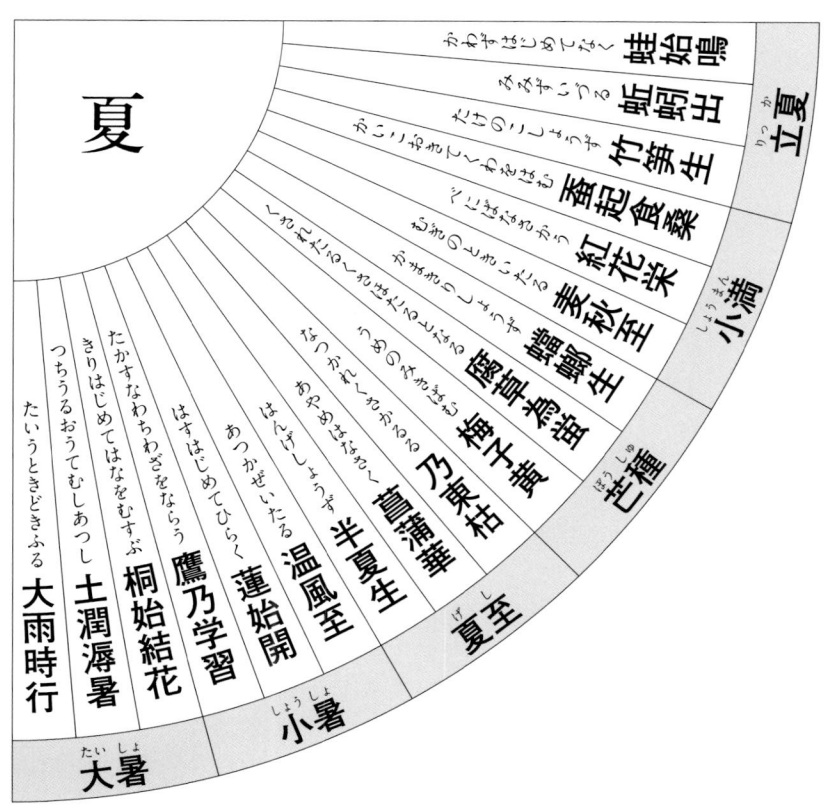

秋

立秋《りっしゅう》
- 涼風至 すずかぜいたる
- 寒蝉鳴 ひぐらしなく
- 蒙霧升降 ふかききりまとう

処暑《しょしょ》
- 綿柎開 わたのはなしべひらく
- 天地始粛 てんちはじめてさむし
- 禾乃登 こくものすなわちみのる

白露《はくろ》
- 草露白 くさのつゆしろし
- 鶺鴒鳴 せきれいなく
- 玄鳥去 つばめさる

秋分《しゅうぶん》
- 雷乃収声 かみなりすなわちこえをおさむ
- 蟄虫坏戸 むしかくれてとをふさぐ
- 水始涸 みずはじめてかるる

寒露《かんろ》
- 鴻雁来 こうがんきたる
- 菊花開 きくのはなひらく
- 蟋蟀在戸 きりぎりすとにあり

霜降《そうこう》
- 霜始降 しもはじめてふる
- 霎時施 こさめときどきふる
- 楓蔦黄 もみじつたきばむ

冬

立冬《りっとう》
- 山茶始開 つばきはじめてひらく
- 地始凍 ちはじめてこおる
- 金盞香 きんせんかさく

小雪《しょうせつ》
- 虹蔵不見 にじかくれてみえず
- 朔風払葉 きたかぜこのはをはらう
- 橘始黄 たちばなはじめてきばむ

大雪《たいせつ》
- 閉塞成冬 そらさむくふゆとなる
- 熊蟄穴 くまあなにこもる
- 鱖魚群 さけのうおむらがる

冬至《とうじ》
- 乃東生 なつかれくさしょうず
- 麋角解 さわしかのつのおつる
- 雪下出麦 ゆきわたりてむぎのびる

小寒《しょうかん》
- 芹乃栄 せりすなわちさかう
- 水泉動 しみずあたたかをふくむ
- 雉始雊 きじはじめてなく

大寒《だいかん》
- 款冬華 ふきのはなさく
- 水沢腹堅 さわみずこおりつめる
- 鶏始乳 にわとりはじめてとやにつく

参考文献

- 『大辞泉 第2版』・『デジタル大辞泉』（小学館）
- 白井明大著『日本の七十二候を楽しむ―旧暦のある暮らし―』（東邦出版）
- 環境デザイン研究所編『ニッポンの二十四節気・七十二候』（誠文堂新光社）
- 川邊りえこ著『ときをしる 日本文化心得十二カ月』（万来社）
- 飯田龍太・稲畑汀子・金子兜太・沢木欣一監修『新日本 大歳時記』（講談社）
- 林綾野著『浮世絵に見る江戸の食卓』（美術出版社）
- 本山荻舟著『飲食事典』（平凡社）
- 柳原一成・柳原紀子著『ニッポンの縁起食』（NHK出版）

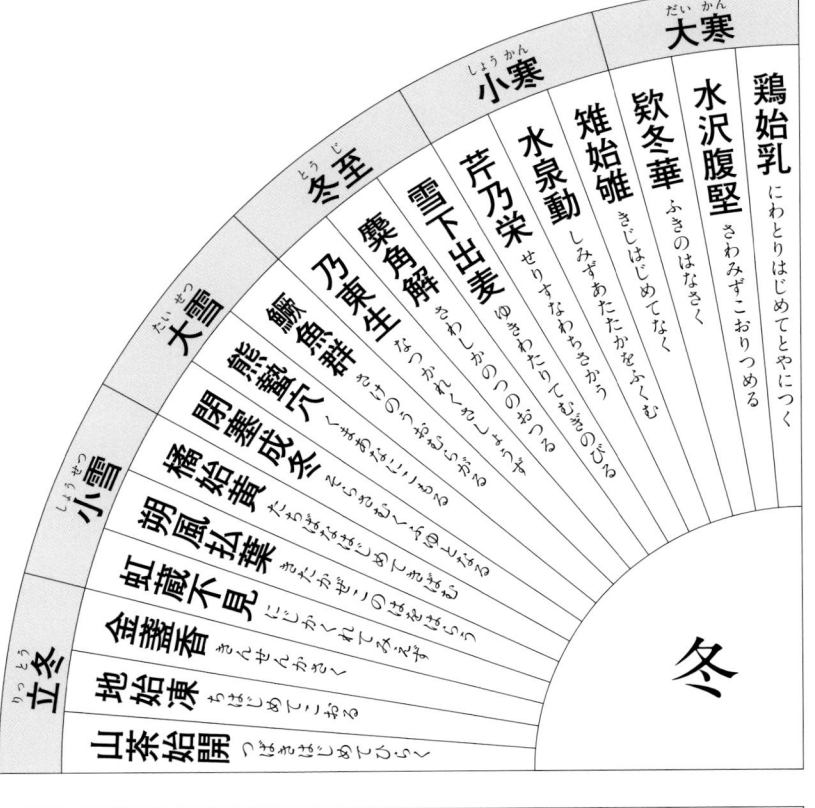

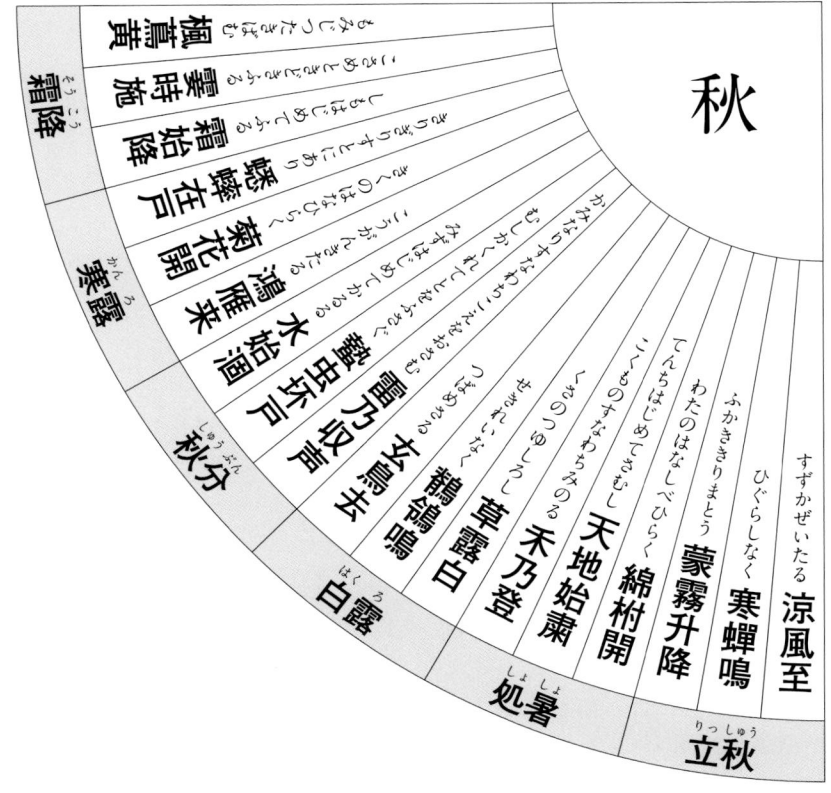

立春《りっしゅん》

二月四日〜二月十八日頃

七十二候

一候 **東風解凍**《はるかぜこおりをとく》 二月四日〜二月八日頃

二候 **黄鶯睍睆**《こうおうけんかんす》 二月九日〜二月十三日頃

三候 **魚上氷**《うおこおりをいずる》 二月十四日〜二月十八日頃

立春は春が立つ日。立つは始まりを意味します。一年を約十五日ごとに巡る二十四節気の一番目、暦の一年の始まりです。立春前日の節分で寒が明けると日脚は徐々に延びますが、それが気温に反映されるのはもう少し先にずれるので、寒さは立春の頃がピークです。太陽は一足先にと春に向かっているのに、厚いコートを脱げずにいる自分がじれったくなりますが、二月の異名の如月《きさらぎ》は衣更着《きさらぎ》とも書くと知れば、古人も同じ体感だったということがなんだか楽しくなります。立春に連なる七十二候一候の東風解凍は東風が湖の氷を溶かす頃。二候の黄鶯睍睆は春告鳥の鶯が鳴き声を響かせる頃。三候の魚上氷は、溶け始めた氷の割れ目から魚が跳ねる姿が見られる頃。五感を開いて自然界を見ると、厳寒の中にも春は確実に近づいていることに気がつきます。山からは春の使者の山菜が、畑からは冬に養分を蓄えた春野菜が登場します。

立春に真っ白い豆腐を邪気払いに食べる「立春大吉豆腐」の習わしから。冷奴では味気ないので、湯気もごちそうの空也《くうや》蒸しです。

空也蒸し

材料（2人分）

卵…2個（100g）
だし汁（かつおだし）…300㎖
酒…小さじ1
淡口しょうゆ…小さじ1
絹ごし豆腐…$\frac{1}{2}$丁（100g）
ゆずの皮…適量

作り方

1 卵はだし汁と合わせて混ぜ、ざるでこしてなめらかにし、酒と、風味づけに淡口しょうゆを加え混ぜる。

2 絹ごし豆腐は水気を軽くふき、2等分に切ってそれぞれの器に入れ、1を注ぎ入れる。

3 あらかじめ温めて蒸気の立った蒸し器に2を並べ入れ、強火で約3分、弱火にして約15分蒸す。様子を見て、卵液がまだゆるいようなら、さらに3分ほど弱火で蒸す。食卓へ出し、すりおろしたゆずの皮を散らす。

立春 一候

東風解凍

二月四日〜二月八日頃

はるかぜこおりをとく

東風解凍は七十二候の第一候です。東の方角から吹き渡ってくる温かさを含んだ春風に、湖の氷も解け始める頃だと告げています。はるかぜともこちとも読む東風は、自然界の春の香りも一緒に運んできてくれます。とりわけ私が待ち望んでいるのは、風待草と呼ばれる梅の甘い香りと、新物の芹《せり》のすがすがしい香りです。

刻んだ芹を炊き立てのごはんに手早く混ぜると、ごはんの熱でほどよく蒸された芹の香りがふわんと立ち上ります。

芹と梅の混ぜごはん

材料（4人分）

梅干し…4個
芹…1束（100g）
炊き立てごはん…600g
いり白ごま…小さじ2

作り方

1 梅干しは種を除き、包丁で粗くたたく。
2 芹は根を切り、茎は1cmの長さ、葉は2cmの長さに切る。
3 炊き立てのごはんに1といり白ごまを加えてさっくりと混ぜ、少しおいて、ごはんがひと肌に冷めたら2を加えてさっくりと混ぜる。

●芹の根はおいしいので、よく洗い、水気をしっかりふきとって天ぷらに。酒のつまみにも、ごはんのおかずにも。

立春 二候

黄鶯睍睆

二月九日〜二月十三日頃

こうおうけんかんす

鶯は一年中日本で暮らしていますが、歌詠鳥《うたよみどり》と呼ばれる鳴き声を聞けるのは立春の間の楽しみ。同じ頃、畑では冬の間に養分を蓄えた肉厚の葉と太い茎を持った、滋味豊かなほうれん草の収穫時。この時期のほうれん草は湯にくぐらせると食感も甘みもぐんと増します。

白ごまはぜひいって、和え立てをどうぞ。

ほうれん草のごま和え

材料(2人分)

ほうれん草…1束(約200g)
白ごま…大さじ3
塩…ひとつまみ
A しょうゆ…大さじ1
　みりん(煮切ったもの)…大さじ½
　日本酒(煮切ったもの)…大さじ½
塩…ひとつまみ

作り方

1 ほうれん草の根元の部分は土が残りやすいので、切れ目を入れてよく洗う。
2 沸騰した湯(分量外)に塩を入れ、まず1の根元をつけて30秒ほどゆでたら、葉先まで全部入れて30秒ほどゆで、手早く冷水にとる。水気をしっかりしぼり、食べやすい長さに切る。
3 白ごまは弱火のフライパンで、香りが出るまで焦がさないようにいる。
4 すり鉢に3を入れて半ずりにし、〈A〉を加えてすり混ぜ、2を入れて和える。

立春　三候

魚上氷

二月十四日〜二月十八日頃

うおこおりをいずる

湖に張った氷が溶けた割れ目から魚が跳ねる姿が見られる頃。この時分、真っ先に食べたくなるのは旬のわかさぎです。衣はごく薄く、からりと揚げられたら、早春の滑り出しは上々の気分。骨も頭も余さず、自然の命を噛みしめると、口中に春の息吹が広がります。

衣に青のりを混ぜるのが私の十八番。
揚げ立てに柑橘をきゅっとしぼりかけて。

わかさぎの唐揚げ

材料（2人分）

わかさぎ…10本
薄力粉…大さじ3
冷水…大さじ4
青のり…大さじ1
塩…小さじ1/4
油…適量
すだち、かぼすなど（好みで）…適宜

作り方

1 わかさぎは重さの約3%の塩水で優しく洗い、水気をよくふきとる。
2 ボウルに薄力粉と冷水、青のり、塩を入れてさっくりと混ぜる。
3 1に薄力粉（分量外）を薄くまぶし、2にくぐらせて、180℃に熱した油で2分ほど、表面が色づくまで揚げる。最後に火を強め、温度を上げて揚げるのがカラッと仕上げるコツ。
4 器に盛り、好みで塩や、すだちやかぼすなどを添える。

雨水《うすい》

二月十九日〜三月五日頃

七十二候

四候	五候	六候
土脉潤起 つちのしょううるおいおこる 二月十九日〜二月二十三日頃	**霞始靆** かすみはじめてたなびく 二月二十四日〜二月二十八日頃	**草木萌動** そうもくめばえいずる 三月一日〜三月五日頃

立春から十五日進むと二十四節気は雨水へ。暦は、冬の凍てつく空気がわずかずつ柔らかくなり、降る雪が雨に変わり、氷も解け出す頃と告げますが、現実は、晴れた日中の陽射しは柔らかくても、夜はまだ地脈が凍ることもあります。雨水に連なる七十二候四候の土脉潤起は、冬と春を行きつ戻りつしながら凍てつく大地が春の雨と外気の温もりで次第に解けて湿り気を帯びる頃。脉は脈の意味。大地に張り巡らされた地脈はまるで人の血管のように思えて、私たちは息をする大地の上で暮らしていることに感慨深くなります。五候の霞始靆は太陽の光に温められた大地から上がる水蒸気で空気は湿り気を帯び、春霞が山野にたなびく頃。私の台所は、冬の根菜の白や茶色から、春の山菜や葉野菜の緑色に主役が交代していきます。旬の海の幸も登場する三月初め、六候の草木萌動へ。春の陽を受けて、草木は芽生えのときを迎えます。

雨水　四候

土脉潤起

二月十九日〜二月二十三日頃　つちのしょううるおいおこる

春の雨に大地が湿り気を帯びて潤う土脉潤起の頃は、春を告げる使者の山菜が芽吹くときです。先陣をきって、岩手からわが家に届くのがたらの芽。枝に無数の小さな棘《とげ》が生えることからオニノカナボウと呼ばれるウコギの、枯れた枝先にやわやわと芽吹く優しい緑色の新芽です。その独特の苦みは、冬の眠りから体を覚ましてくれる良薬です。

たらの芽の季節の始まりは天ぷらで。
油が苦みの奥にある甘みを引き出します。

たらの芽の天ぷら

材料（2人分）
たらの芽…6個
薄力粉…大さじ2
冷水…大さじ2
塩…少々
油…適量

作り方

1 たらの芽はさっと水洗いし、キッチンペーパーで汚れを除き、根元を削り落とす。

2 ボウルに薄力粉を入れ、冷水を加えてさっくりと混ぜる。

3 1に薄力粉（分量外）をごく薄くまぶし、2にくぐらせて、180℃に熱した油で2分ほど、うっすらと色づくまで揚げる。器に盛り、塩を添える。

●たらの芽に含まれるビタミンEは脂溶性。油で揚げるのは理に適ってもいるのです。

雨水　五候

霞始靆

二月二十四日〜二月二十八日頃

かすみはじめてたなびく

春霞が山野に低くたなびき、山々に霞がかかる頃。一年中食べられる水菜ですが、私は、冬に養分を蓄えて早春に収穫された初物を、柑橘の爽やかな酸味を利かせてマリネにするのが大好きです。葉も茎も全部、一人で一束軽く食べられます。汁も余さず飲みほします。

春先の水菜は熱湯に40秒くぐらせること。風味も食感も格段に上がります。

水菜の柑橘マリネ

材料（2人分）

水菜…½袋（70g）
レモン（好みで）…適宜
文旦（好みの柑橘でも）…1個
塩…小さじ⅓
ホワイトバルサミコ酢（米酢でも）…小さじ1
オリーブオイル…大さじ3

作り方

1 水菜は根ごと塩少々（分量外）を加えた湯で、40秒ほどゆでて冷水にとり、水気をしっかりしぼって2等分に切る。好みでレモンをしぼりかけ、軽く混ぜる。

2 文旦は皮と薄皮をむき、実をボウルに入れ、塩、ホワイトバルサミコ酢、オリーブオイルを加えてなじませ、1を加えて軽く混ぜて器に盛る。

●水菜はビタミンB群や葉酸が豊富。冬の間に溜まった体のサビを落としてくれます。

雨水　六候

草木萌動

三月一日〜三月五日頃

そうもくめばえいずる

春の雨を受けて草木が芽生え出る頃。毎年、淡い緑色をした木の芽の初物が手に入る今の季節はときめく。草木の芽吹きを助けるように降る雨は「木の芽起こしの雨」、吹く風は「木の芽風」、晴れた日は「木の芽晴れ」。普段は脇役の木の芽もこの季節だけは主役です。

大きくふっくらとした蛤《はまぐり》に、木の芽をたっぷり。汁も残さずに。

蛤の木の芽蒸し

材料（2人分）

蛤…6〜7個
酒…80mℓ
淡口しょうゆ…小さじ1
木の芽…適量（多めに）

作り方

1　蛤は分量の3％の塩水につけて、1時間ほど暗い場所に置いて砂を出し、水洗いする。

2　鍋に1と酒を入れてふたをし、中火にかける。蛤の口が開くまで2〜3分蒸したら、淡口しょうゆをまわしかける。

3　2を器に盛り、木の芽を手のひらで軽くたたいて香りを立たせ、たっぷりとのせる。

三月三日

雛まつり

『枕草子』の「三月三日は、うらうらとのどかに照りたる」の一文が好き。雛まつりの楽しい記憶が重なるからです。雛まつりの起源は古代中国の穢れを祓う禊の行事。日本の中世の頃には、草や紙で作った人形《ひとがた》で体を撫でて穢れを移して川に流す習わしも広まりました。今でも流し雛の行事が残る地方もあります。魔除けの花とされる桃の花が咲く頃なので桃の節句とも。わが家の女子は私一人ですが家族でお寿司を食べます。

蛤寿司

寿司という文字は、寿を司ると書く縁起のいいもの。蛤の形も雛まつりの縁起ものです。

材料（4つ分）

卵…3個
砂糖…小さじ1
塩…小さじ¼
片栗粉…（水少々で溶く）小さじ1
太白ごま油…少々
炊き立てごはん…200g
緑茶葉（細かく砕く）…大さじ1

A
米酢…大さじ1
砂糖…小さじ1
塩…小さじ¼

作り方

1 ボウルに卵を入れて溶き、砂糖、塩を加え混ぜたら、水溶き片栗粉を加え混ぜて、こす。
2 フライパンにごま油を入れて中火で熱し、1の¼量を流し入れて広げ、表面が乾いたら裏返して焼き、バットかまな板にのせる。同様にして計4枚焼く。
3 〈A〉を全部合わせて炊き立てごはんに混ぜたら、うちわなどであおいで冷ましながら混ぜ、仕上げに緑茶葉を加え混ぜる。
4 2の薄焼き卵各1枚ずつを2等分に折り、さらに2等分に折って、3を4等分にして各々に詰める。蛤に見立てて形を整える。
5 金ぐしを熱し、4の薄焼き卵の表面に三本、焼き目をつける。

啓蟄《けいちつ》

三月六日〜三月二十日頃

七十二候

七候	八候	九候
蟄虫啓戸《すごもりむしとをひらく》 三月六日〜三月十日頃	桃始笑《ももはじめてさく》 三月十一日〜三月十五日頃	菜虫化蝶《なむしちょうとなる》 三月十六日〜三月二十日頃

毎年、二十四節気が啓蟄に入って数日すると、私の住む街には春一番の強風が吹き渡ります。南の方角から吹いてくる生暖かい風に背中を押されて始めるのが春の大掃除と衣替え。そして台所道具の点検です。気持ちが一気に春に向いていきます。春の陽気に目覚めるのは野生の動物や虫たちも一緒。七候の蟄虫啓戸は冬ごもりの虫たちが陽気に誘われて土中から這い出る頃。啓は開く、蟄は冬ごもりの意味です。八候の桃始笑は桃のつぼみがほころぶ頃。花が咲くことは花笑う、全山が芽吹いた様子は山笑う。笑という字は幸せな気分を届けてくれます。海では私の大好きな春告げわかめが芽吹きどきを迎えます。九候の菜虫化蝶は芽吹いた菜花の葉を食べて育った菜虫（アオムシ）がチョウに成長する頃。つぼみが固くほろ苦い菜花は冬から春へ体の中をリセットしてくれます。旬の食材と人の体は自然の摂理で繫がっています。

啓蟄　七候

蟄虫啓戸《すごもりむしとをひらく》

三月六日〜三月十日頃

春の陽気に、冬ごもりの虫たちも土の上に顔を出す頃。人の気持ちも外へ向かいます。スキューバダイビングが趣味の私はこの時期、伊豆・下田の海へ。思う存分潜った後の楽しみは、春告げわかめと呼ばれる生わかめの新芽を買うことです。でも、近頃は近所のスーパーでも新鮮な生わかめが買えるので、見つけたら逃さず買っています。

昆布だしと生わかめ、海の幸の二重奏。香りのいい三つ葉が春の味を底上げします。

生わかめのしゃぶしゃぶ

材料（2人分）

生わかめ（市販のもの）…120g
三つ葉…1束（50g）
昆布だし…400㎖
酒…200㎖
淡口しょうゆ…大さじ1
いり白ごま…少々

作り方

1 生わかめは流水で洗い、沸騰した湯に入れてさっと色が変わるまでゆで、冷水にとる。食べやすい大きさに切る。

2 三つ葉は食べやすい長さに切る。根の部分もたわしでよく洗い、縦に4〜6等分に切る。汚れを除き、根元を削り落とす。

3 鍋にだし汁、酒を入れて中火にかけて煮立ったら、淡口しょうゆを加える。

4 3に1、2を加えて数秒ほど、さっと煮る。煮汁ごと盛り付け、いり白ごまをふる。

● 好みで梅干し（分量外）と昆布だしを合わせたタレやポン酢しょうゆ（分量外）などで。

啓蟄　八候

三月十一日〜三月十五日頃

桃始笑

ももはじめてさく

桃のつぼみがほころぶ頃。味が濃く、甘い冬のかぶはそろそろおしまいです。そのかぶをすりおろし、瀬戸の海から届く走りの鰆《さわら》と合わせてかぶら蒸しにするのが、冬と春が交錯する時分の楽しみ。ふわふわの食感も淡い色彩も優しい湯気の香りも節目のごちそうです。

口中に広がるふわふわの食感。レモンで味が一気にしまります。

鰆のかぶら蒸し

材料(2人分)

鰆…1切れ
かぶ…1個(80g)
しめじ…50g
卵白…1個分
酒…小さじ2
淡口しょうゆ…小さじ2
レモン(輪切り)…2枚
塩…小さじ1/4

作り方

1 鰆は塩をふって10分ほどおいたら水気をふきとり、2等分に切る。
2 かぶはすりおろし、葉は食べやすい長さに切る。しめじは石突きを切り落とす。

3 ボウルで卵白をやわらかくつのが立つくらいに泡立て、酒、淡口しょうゆを加え混ぜ、2のすりおろしたかぶを加えてさっくり混ぜる。
4 器に1、2のしめじを入れたら3を上からかぶせるように入れ、蒸気の立った蒸し器で8分ほど蒸す。仕上げにかぶの葉を入れ、さらに1分ほど蒸し、いり白ごま少々(分量外)とレモンの皮のすりおろし少々(分量外)をふり、レモンを添える。

啓蟄　九候

三月十六日～三月二十日頃

菜虫化蝶

なむしちょうとなる

厳寒を耐えた菜虫が羽化して蝶となり、羽ばたく頃。三月の異名の一つは草木弥生月《くさきいやおいつき》。草木が健やかに芽吹き、育つとき。人の体も動物や植物と同じで、啓蟄の頃は春の目覚めのときです。菜花や芹、三つ葉など早春の野菜のほろ苦みが、体を目覚めさせてくれます。

菜の花に昆布の旨みと風味をほのかにまとわせます。

菜の花の昆布じめ

材料(2人分)

酒…50ml
菜の花…1束(200g)
昆布…15cm×10cm2枚
レモン(好みで)…適宜

作り方

1 酒を鍋に入れて火にかけ、アルコールを飛ばしたらそのまま冷ましておく。
2 菜の花は塩小さじ1/3(分量外)を加えた熱湯で約1分半、ゆでてざるにあげて冷ます。
3 昆布はふきんで汚れを取り、さっと濡らし、ラップに包んで柔らかくなるまで20分おく。
4 3のラップをはずし、1枚に2を並べ置き、上からもう1枚をかぶせて、半日～1日、冷蔵庫に入れておく。
5 4の昆布をはずし、菜の花を食べやすい大きさに切り、1の酒小さじ1ほどをかける。昆布をしいた器に盛り、好みでレモンを添える。

春分《しゅんぶん》

三月二十一日〜四月四日頃

七十二候

十候
雀始巣
すずめはじめてすくう
三月二十一日〜三月二十五日頃

十一候
桜始開
さくらはじめてさく
三月二十六日〜三月三十日頃

十二候
雷乃発声
かみなりすなわちこえをはっす
三月三十一日〜四月四日頃

春分は、太陽が黄道（太陽の通り道）の春分点を通過する日を春分日と呼んだことからつけられた名称です。太陽は黄道に沿って地球を東回りに一年で360度進みます。黄道座標の経度（黄経）を約15度通過するごとに24等分したのが二十四節気。二十四節気の春分の黄経は0度。太陽が真東から昇り真西に沈んで昼夜が同じ長さになる日で、春彼岸の中日でもあります。暑さ寒さも彼岸まで。季節の大切な節目です。春分に連なる七十二候十候の雀始巣は雀が巣作りに励む頃。十一候の桜始開は桜の花が咲く頃。十二候の雷乃発声は春の恵みの雨をよぶ雷鳴が轟《とどろ》く頃。自然界は春の色を濃くし、旬の食材も賑やかです。畑からは緑を濃くする葉野菜やアスパラガス。新の字を冠する野菜も続々。山からは走りの筍《たけのこ》に名残りの山菜も。海からは桜鯛、あさり。走りも盛りも名残りも全部、舌の記憶に留めたいと欲張りになる季節です。

岩のり蕎麦

春分の節目は「彼岸蕎麦《そば》」で五臓六腑を浄《きよ》める習わし。幸せをたぐり寄せるように勢いよく蕎麦をすすります。

材料（2人分）

岩のり（乾燥）…8g
絹さや…4本
生そば…2玉
かつお昆布だし…700mℓ
酒…大さじ2
しょうゆ…大さじ3
塩…小さじ½

作り方

1 絹さやは筋を取り、塩少々（分量外）を加えた湯で40秒ゆで、斜めに切る。
2 だし汁を鍋に入れ、酒を加えてひと煮立ちさせ、しょうゆ、塩を加えて味を調える。
3 そばは沸騰した湯でゆでたら、手早く冷水でしめる。
4 沸騰した湯に3をさっと通し、湯をきって器に盛り、熱々の2を注ぎ入れ、岩のりと1をのせる。

春分 十候

雀始巣

三月二十一日〜三月二十五日頃

すずめはじめてすくう

日脚が次第に延び、雀が巣作りに励む頃が根三つ葉の旬。栽培に手がかかるので流通する量も少ないから、見つけたら必ず買うほど、私は大好きな野菜です。太い茎の小気味のいい食感と爽快な香りはわずか30秒、熱湯にくぐらせるひと手間で生まれるごほうびです。

根三つ葉の旬は短く、今時分だけ。和えたらすぐ食べるのがいい。

根三つ葉の白和え

材料(2〜3人分)

木綿豆腐…150g
根三つ葉…4束(100g)
いり白ごま…大さじ3
しょうゆ…大さじ1
塩…小さじ1/4
粉山椒…少々

作り方

1 木綿豆腐はキッチンペーパーで包み、豆腐の倍の重石《おもし》をして1時間おき、水切りをする。

2 根三つ葉は根を切り落とし、塩少々(分量外)を加えた湯で30秒ほどゆでて、キッチンペーパーでふき、しっかりと水気を切ったら4cm長さに切る。

3 すり鉢にいり白ごまを入れて粒がなくなるまでよくすり、1、しょうゆ、分量の塩を加えてすり混ぜる。

4 2を3に加え、軽く和えて器に盛り、粉山椒をふる。

春分 十一候

三月二十六日〜三月三十日頃

桜始開

さくらはじめてさく

桜が咲く頃。瀬戸内海で春から初夏に獲れる真鯛はきれいな桜色をしていて、表面には桜の花びらを散らしたような白い斑点が見えることから桜鯛と呼ばれます。身は繊細で甘く、足早に過ぎる桜の季節を食卓で満喫するのにふさわしい。花見鯛の別名にも心惹かれます。

クリームソースのぬくもりで桜の香りが立ち上ります。

桜鯛のクリーム煮

材料(2人分)

真鯛(切り身)…2切れ
薄力粉…大さじ1
玉ねぎ…½個
にんにく(薄切り)…1片
オリーブオイル…小さじ2
白ワイン…50㎖
生クリーム…100㎖
塩…小さじ½
粗びき黒こしょう…少々
桜の花の塩漬け…適量
イタリアンパセリ…適量

作り方

1 真鯛は鱗《うろこ》を取り、塩適量(分量外)をふって10分おいたら水気をふき、薄力粉を薄くまぶす。
2 玉ねぎは縦の薄切りにする。
3 フライパンににんにくとオリーブオイルを入れて火にかけ、香りが立ったら1と2を入れる。鯛を返し、表面の色が変わるまで焼く。
4 3に白ワインを加え、ふたをして弱めの中火で約6分蒸し焼きにし、生クリームを加えてひと煮立ちさせる。
5 4に塩を加え混ぜ、黒こしょうをふる。器に盛り、刻んだイタリアンパセリと桜の花の塩漬けを添える。

春分　十二候

雷乃発声

三月三十一日～四月四日頃

かみなりすなわちこえをはっす

暦では、雷鳴にさまざまな呼称があります。冬は雪起こしの雷、早春は虫出しの雷、十二候の雷乃発声の頃は春を告げる意味で春雷。深夜や明け方の静けさの中で一声か二声鳴り、束の間《つかのま》光を放って止むのが特徴です。春雷は田や畑の作物にとっては恵みの雨を呼ぶもの。潮干狩りの解禁が近いことも知らせてくれます。

身の厚い新鮮なあさりとローズマリーをたっぷりと。キリッと冷えたお酒をおともに。

あさりのワイン蒸し

材料（2人分）

あさり…300g
にんにく（つぶす）…1片
ローズマリーの枝…2～3本
赤唐辛子（種を除く）…½本
オリーブオイル…大さじ2
白ワイン…大さじ2
塩…小さじ½
粗びき黒こしょう…少々

作り方

1 あさりは3％の塩水に1時間、暗くしてひたし、砂抜きしたら、殻をこすり洗いする。

2 フライパンににんにく、ローズマリー、赤唐辛子、オリーブオイルを入れ中火にかけ、香りがたったら1を入れてさっと炒め、白ワインを加えてふたをする。あさりの口が開くまで約4分、蒸し煮にする。

3 塩、黒こしょうで味を調え、ローズマリーや赤唐辛子ごと器に盛る。汁も余さず。

三月三十一日頃

イースター

春分の後の最初の満月の次の日曜日がイースターです。そもそもは、キリストの復活を祝う祭典です。かわいい絵を描いた卵を隠して探すエッグハントは、中世の頃から続いている遊びのようです。卵は新しい生命の象徴です。息子も今や高校生。エッグハントは卒業して、数年前からわが家のイースターは、家族みんなが大好きなメレンゲパンケーキを焼く日になっています。

メレンゲパンケーキ

焼き立てをスプーンでたっぷりすくって口に含むと、ほんのり甘いふわふわの生地が舌に優しくのっかって、溶けていきます。

材料(4枚分)

卵白…2個
グラニュー糖…大さじ3
卵黄…2個
牛乳…大さじ2
グランマニエ…小さじ1
薄力粉…大さじ2
ベーキングパウダー…小さじ½
バター(無塩)…15g
粉砂糖…適量

作り方

1 卵白にグラニュー糖を加えて、泡立て器で八分立てにする。
2 ボウルに卵黄、牛乳、グランマニエを合わせ混ぜ、薄力粉とベーキングパウダーをふるって加え混ぜる。
3 1の半量を2に加えてよく混ぜたら、残り半量を加えてさっくりと混ぜる。
4 フライパンにバターを入れ、弱めの中火で熱したら、濡れふきんの上に一度のせて、フライパンの底の温度を下げる。
5 4に3を流し入れ、弱めの中火で焼く。表面に気泡ができたら裏返して3分ほど焼く。器に盛り、粉砂糖をふる。

清明 せいめい

四月五日～四月十九日頃

七十二候

十三候	十四候	十五候
玄鳥至 つばめきたる 四月五日～四月九日頃	鴻雁北 こうがんかえる 四月十日～四月十四日頃	虹始見 にじはじめてあらわる 四月十五日～四月十九日頃

日本の四月は新年度の節目。毎年のことながら、春を迎えた嬉しさと忙《せわ》しさがない交ぜになる季節のさ中に、二十四節気の清明は巡ってきます。清明の語源は清浄明潔《しょうじょうめいけつ》。天と地の万象が清浄に明るく輝き、生命力にあふれるときを表します。樹々は初々しい若葉をつけて輝き、人も動物も溌剌と動きたくなるときです。清明に連なる七十二候十三候の玄鳥至は南方から燕が飛来してくる頃。十四候の鴻雁北は雁が北方に帰る頃。気がつけば日の出は5時台に早まり、来る鳥と帰る鳥が賑やかに行き交います。こんな春の陽気に不安定に揺れる気持ちを平らかにしてくれるのが、私にとっては旬の食材で料理を作ること、食べること。みずみずしい食材を手に取り、香りを嗅ぎ、少しつまんで食べてみながらレシピを考える。五感が開くと心も開いていくようです。そして四月半ば、雨上がりに美しい虹が見られる十五候の虹始見の頃へ。

清明 十三候

玄鳥至 つばめきたる

四月五日～四月九日頃

ご近所の軒や梁《はり》に残された去年の巣に戻ってきた燕の姿が見られる頃。何かと慌ただしい日々。仕事で忙しいときによく作るのが焼きっぱなしでおいしいフォカッチャです。生地は一年中同じですが、香りづけに使うハーブは季節で変えます。春は友人が花をつけた枝ごと分けてくれるローリエ。ギリシャ神話で神木とされる縁起のいいものです。

オリーブオイルもよし、生ハムやチーズをはさむもよし。噛みしめるほどに味が深まります。

ローリエのフォカッチャ

材料（1回に作りやすい分量）

- ドライイースト…3g
- きび砂糖（またはてんさい糖）…8g
- ぬるま湯…50mℓ
- 強力粉…200g
- 塩…3g
- 水…150g
- オリーブオイル…12g
- ローリエ…適量
- 岩塩…適量

作り方

1 ボウルにドライイーストを入れ、きび砂糖を加えて混ぜ、ぬるま湯を少しずつ加えて混ぜておく。

2 別のボウルに強力粉をふるいにかけて入れ、塩と1を加えて混ぜ、水、オリーブオイルを加えて、手で混ぜる（粉が手につかなくなるくらいまで混ぜるのが目安）。

3 2をひとまとまりにして濡れふきんをかぶせ、35℃くらいの場所（保温モードの炊飯器など）で、2倍に膨れるまで約30分～1時間おく。

4 こぶしで3のガスを抜き、1.5cm厚さに延ばして形を整えたら、手でちぎったローリエを軽く刺すようにのせ、オーブンシートをしいた天板にのせる。

5 4の全体にオリーブオイル適量（分量外）をぬり、岩塩をふり、あらかじめ220℃に熱しておいたオーブンで12～15分焼く。

●時間があるときに作って、小分けにして冷凍しておけば、食べたいときにおいしく食べられます。

清明　十四候

鴻雁北

四月十日〜四月十四日頃

こうがんかえる

日本で越冬していた雁が、北方のシベリアを目指して飛び立つ頃は、桃の花に似たアーモンドの花が開く頃。その馥郁《ふくいく》たるアーモンドの香りを100％閉じこめたくて考えた私流の春のお茶菓子です。優しい甘みの白いんげんのあんと合わせました。プチお祝いにも。

中国茶や紅茶と好相性。温かさもごちそうです。

アーモンド菓子

材料（1回に作りやすい分量）

アーモンドプードル…100g
薄力粉…50g
バター（無塩・室温に戻す）…70g
てんさい糖…大さじ3
溶き卵…大さじ2
白あん（市販のもの）…100g
ラム酒…少々

作り方

1　アーモンドプードルにふるった薄力粉を合わせて混ぜる。

2　バターにてんさい糖を加えて泡立て器ですり混ぜる。溶き卵を少しずつ加えて混ぜ、白あんとラム酒を加える。

3　2に1を加えてしっかりと練り混ぜ、型に詰めて形を整える（月餅用の型を使用。ない場合は、厚み2㎝弱で約4㎝四方の大きさに整える）。

4　180℃に熱したオーブンで3を20分焼く。

● 焼き立てても冷めてもおいしい。

清明　十五候

虹始見

四月十五日〜四月十九日頃

にじはじめてあらわる

雨上がりの空に初めて虹が架かる頃。虹が見られた日はいいことがありそうで、その小さな慶事を体に留めるように太平燕《タイピーエン》を作ります。中国の郷土料理が九州に伝来して日本風にアレンジされたもので、食材のとりどりの自然の色が私にとってのレインボーカラーです。

太平燕

食材がからまりあって醸す深い味。だしは不要です。

材料(2人分)

えび…8尾(約80g)
春雨(乾)…40g
ごま油…小さじ2
しょうが(千切り)…1片
豚バラ肉(4cm幅の薄切り)…100g
白菜(3cm角に切る)…120g
生キクラゲ(適宜切る)…3枚
しいたけ(薄切り)…3個
長ねぎ(斜め薄切り)…1/3本
酒…大さじ2
水…400mℓ
しょうゆ…小さじ2
塩…小さじ1/3
ゆで卵…1個

作り方

1 えびは殻をむき、背に切り込みを入れ、背わたを取り除く。
2 鍋に湯を沸かし、沸騰したら春雨を入れて表示時間通りにゆで、ざるにあげて水気をきる。食べやすい長さに切る。
3 鍋にごま油を入れて中火で熱してしょうがを入れる。香りが立ったら豚バラ肉を入れて炒める。
4 豚肉の色が変わったら、白菜、生キクラゲ、しいたけ、長ねぎを入れる。野菜全体が軽くしんなりする程度まで炒めたら、酒、水を加えてひと煮立ちさせ、アクを除く。
5 4にふたをして3分煮て、2、しょうゆ、塩を加えて再びふたをし、5分煮る。1を加え、弱火でさらに2分煮る。器に盛り、2等分に切ったゆで卵をのせる。

四月八日

花まつり

花まつり（灌仏会《かんぶつえ》）はお釈迦様の誕生を祝う行事です。私が子どもの頃の四月八日は桜が満開で、宗教行事というよりもお花見気分でいたように思います。そのお花見につきものだったのが筍ごはんです。今でも炊き立ての筍ごはんの香りをかぐと、新年度は何かいいことがありそうに思えてわくわくしてきます。桜の季節と入れ替わるように、筍が盛りの季節を迎えます。

筍ごはん

筍の根元に近い部分は5㎜幅のいちょう切り、穂先は光が透けるくらい薄く切って、味と食感の両方を楽しみます。

材料（4人分）

ゆで筍…200g
かつお昆布だし…300㎖

A
酒…大さじ1
みりん…大さじ1
淡口しょうゆ…大さじ1
塩…ひとつまみ

米…2合
新しょうが…40g
みょうが…1個
木の芽…適量

作り方

1 ゆで筍の穂先は放射状に薄切りにする。根元はいちょう切りにする。
2 鍋に1と〈A〉を入れて中火にかける。煮立ったら弱火にして8分ほど煮て火を止め、冷ます。
3 2をざるにあげ、筍と煮汁に分け、煮汁には水（分量外）を加えて400㎖にする。
4 米はといで、ざるにあげ、炊く鍋に入れる。3の筍と煮汁を加えて10分おき、ふたをして強火にかける。
5 4が煮立ったら弱火にして12分炊き、10秒強火にし、火を止め、15分蒸らす。
6 新しょうがとみょうがは千切りにし、さっと水にさらして水気をふく。
7 食べる直前に5を器に盛り、6と木の芽をのせる。

筍をゆでるなら

1 筍は厚い皮を2〜3枚むき、穂先を斜めに切り、縦に1本包丁で切れ目を入れる。
2 鍋に約2ℓの水、米糠《ぬか》½カップ分、鷹の爪1本を入れ混ぜ、1を入れる。
3 2を中火にかけ、煮立ったら弱めの中火にして1時間ゆでて火を止め、そのままひと晩冷ます。

穀雨
こくう
四月二十日〜五月四日頃

七十二候

十六候 葭始生
あしはじめてしょうず
四月二十日〜四月二十四日頃

十七候 霜止出苗
しもやみてなえいずる
四月二十五日〜四月二十九日頃

十八候 牡丹華
ぼたんはなさく
四月三十日〜五月四日頃

四月下旬、暦の上では晩春。二十四節気は穀雨。五穀豊穣を助ける春雨の季節です。生きとし生けるものに生命力を与える春の雨の別名は万物生《ばんぶつしょう》。穀物を育む瑞《ずい》雨、草木を潤す甘《かん》雨の呼称も。気象予報などない時代、穀雨の頃の雨は種蒔きや苗の植えどきの合図でした。大きな農園の一角に小さな畑を借りて野菜を作る私もこの時期が夏野菜の苗の植えどき。雨を含んで湿った土を耕すとなんともいい香りがして、人は土に生かされているんだなあとつくづくと思います。十六候の葭始生は水辺の葭が芽吹く頃。十七候の霜止出苗は霜が止み苗代《なわしろ》で苗が育つ頃。十八候の牡丹華は牡丹の花が咲く頃。土が恵みを与えてくれる季節です。筍、グリーンアスパラガスなど旬の野菜は空に向かって伸び、川では鮎《あゆ》が、海では海藻が育ちます。でも、春の雨は優しいだけではありません。春夕立や春驟《しゅう》雨という激しい雨もあるので油断はできません。

穀雨 十六候

葭始生 あしはじめてしょうず
四月二十日〜四月二十四日頃

この季節に葦《あし》が群生している場所に行くと、立ち枯れた葦の根元に緑色の若芽が芽吹いている光景に出会えます。春の雨の季節は、私のなじみの魚屋さんにぽちぽち、岐阜産か大阪産の走りの若鮎が並び始める頃。もう少し先に季節が進んで、成長した鮎なら断然塩焼きですが、頭も骨も細くてやわらかく香りも繊細な若鮎は笹《ささ》焼きに限ります。

清流を上ってきた若鮎に
笹の香りをまとわせる風流な一皿。

若鮎の笹焼き

材料（2人分）

鮎…2尾
笹の葉…4枚
酒…大さじ1
塩…小さじ½

作り方

1 鮎は洗って水気をふき、酒、塩をふる。上下を笹の葉で挟み、魚焼きグリルで焼く。

2 4分ほど焼いて、笹が焼けていたら笹を除き、鮎に焼き目がつくまでさらに4、5分焼く。

穀雨　十七候

霜止出苗

四月二十五日〜四月二十九日頃

しもやみてなえいずる

暦は、遅霜も降りなくなる頃で、霜除けの藁《わら》の覆いをはずす時期だと告げてくれます。四月下旬の短い間だけのお楽しみが、九州の佐賀から届くグリーンアスパラガスです。淡い緑色をして、筋のない優しい食感は、わずか2分の蒸し焼きでさらにおいしさを増します。

ポーチドエッグをソースのようにからめて。粗塩も好相性です。

グリーンアスパラガスのマリネ

材料（1人分）

グリーンアスパラガス…6〜7本
オリーブオイル…大さじ1
白ワイン…大さじ2　酢…大さじ2
ローリエ…1枚　卵…1個
熱湯…2カップ　粗塩…少々

作り方

1　アスパラガスは根元の堅い部分を切り落とし、根元から約5cm上までの皮をピーラーでむく。太いものは縦2等分に切る。

2　フライパンにオリーブオイルを入れて中火で熱し、1を入れたら白ワインを加え、ローリエを入れて、ふたをして2分ほど蒸し焼きにし、器に盛る。

3　熱湯に酢を入れる。お玉で混ぜて渦を作ったら、卵を湯に割り入れて2分ほどゆでてポーチドエッグを作り、2にのせる。仕上げにオリーブオイル適量（分量外）と粗塩をふる。

穀雨　十八候

四月三十日〜五月四日頃

牡丹華
ぼたんはなさく

暦は晩春、牡丹の花が咲く頃。海から揚がったばかりのみずみずしい生ひじきが手に入るのはこの時期だけ。普段よく口にするのは、ゆがいて下ごしらえされたものか乾燥ひじきなので、生ひじきのふっくらとした大きさと透明感のある茶色に、家族は毎回、驚きます。

生ひじきと木綿豆腐としょうゆ。三位一体の味は日本人の心に沁みます。

生ひじきの白和え

材料（2人分）

木綿豆腐…150g
生ひじき…20g
いり白ごま…大さじ3
しょうゆ…大さじ1
塩…小さじ1/4
粉山椒…少々

A
酒…大さじ1
みりん…大さじ1
しょうゆ…大さじ1
塩…小さじ1/4
かつお昆布だし…100ml

作り方

1 木綿豆腐はキッチンペーパーで包み、豆腐の倍の重石をして1時間おき、水切りをする。
2 生ひじきはさっと水洗いし、水気を切る。
3 鍋に〈A〉と2を入れて、汁気がなくなるまで弱火に近い中火で煮る。
4 すり鉢にいり白ごまを入れて粒がなくなるまですり、1、しょうゆ、塩を入れてすり混ぜたら3を加えて箸で混ぜ、粉山椒をふる。

五月二日

八十八夜

日本の暦には二十四節気と七十二候のほかに、農作業の目安になる雑節があります。八十八夜はその雑節の一つです。立春の最初の日から数えて八十八日目で、「八十八夜の別れ霜」の諺《ことわざ》通り、遅霜も止んで気候が安定する境目の日です。茶どころでは新芽の摘みどきです。昔は、八十八夜に摘んだお茶をいただくとその一年、無病息災で暮らせるとされた縁起物でした。

八十八夜は新茶で鯛茶漬けです。
新茶の萌黄《もえぎ》色と清々《すがすが》しい香りが、五感を健やかに開いてくれます。

新茶の鯛茶漬け

材料(2～3人分)

鯛(さく)…150g
酒(煮切ったもの)…大さじ2
生わさび(すりおろす)…小さじ1/3～1/2
淡口しょうゆ…小さじ1と1/2
ごはん…300g
芽ねぎ…適量
いり白ごま…少々
温かい緑茶…適量

作り方

1 鯛は表面の水気をふき、薄切りにし、酒、生わさびと淡口しょうゆで和える。
2 器にごはんを盛り1、芽ねぎをのせ、いり白ごまをふり、温かい緑茶をかける。

二十四節気

立夏《りっか》

五月五日〜五月二十日頃

七十二候

十九候　蛙始鳴　かわずはじめてなく　五月五日〜五月九日頃

二十候　蚯蚓出　みみずいづる　五月十日〜五月十四日頃

二十一候　竹笋生　たけのこしょうず　五月十五日〜五月二十日頃

夏が立つ日、立夏。立つは始まりを意味します。春分と夏至のちょうど真ん中にあって、暦の上では、立夏から立秋の前日までが夏。立夏から六月の入梅までの約一か月間が初夏です。立夏は太陽が黄経45度の位置にくるので陽の光は一年の中でもいちばん強いことから「光の夏」と呼ばれます。樹々の緑は色を濃くし、吹く風は匂い立つ薫風。晴れた休日に所在なげに家に籠っているのがなんだかもったいない、と気持ちも溌剌と外に向きます。立夏に連なる七十二候十九候の蛙始鳴は、蛙の鳴き声が賑やかに聞こえる頃。二十候の蚯蚓出は田畑を肥やしてくれるミミズが土上に姿を現す頃です。そして、二十一候の竹笋生は太陽に向かって上へ上へと伸びる筍の季節が来たことを告げています。陽射しが強くなるこの時分から来たるべき猛暑に備えて、旬のおいしい食材を存分に味わって、暑さに負けないパワーを蓄えようと思います。

立夏　十九候

蛙始鳴　かわずはじめてなく

五月五日〜五月九日頃

春先に冬眠から目覚めた蛙の動きが活発になり、鳴き声が賑やかに聞こえる頃。この時分、旬の野菜は新の字がつくものがたくさん出回り、海からも初の字がつく鰹《かつお》が登場。鰹は春と秋2回の旬があります。江戸っ子に愛された初鰹は、脂がのった秋の戻り鰹とは異なる爽やかな味が魅力です。

初鰹のたたき

焙《あぶ》った初鰹は皮目もごちそうです。レモンじょうゆで和えた薬味をたっぷりと。

材料(2人分)

生鰹(皮つき)…250g
三つ葉…½束
細ねぎ…2本
みょうが…1個
しょうが(千切り)…1片分
しょうゆ…大さじ1
レモン汁…大さじ1
塩…少々

作り方

1 生鰹は表面の水気をふき、塩をなじませ、金ぐしをさして直火で表面が香ばしく焼けるまで焼く。氷水にさっとつけて、水気をふきとる。
2 三つ葉はざく切り、細ねぎは斜め薄切り、みょうがは小口切りにして、合わせてさっと水にさらし、水気をふく。
3 ボウルにしょうが、しょうゆ、レモン汁を入れて混ぜたら、2を加えてさっと和える。
4 1を厚めに切って器に盛り3をのせる。

立夏　二十候

五月十日〜五月十四日頃

蚯蚓出　みみずいづる

田畑を肥やすみみずが土上に這い出てくる頃。みみずは畑の土を食べて耕してくれるありがたい存在です。雨も少なく陽気がいいこの時期は、みょうがや青じそなどの香味野菜や大好物のいちごの露地栽培ものが店頭に並ぶ嬉しい季節です。露地栽培ものの形が不揃いなのは愛嬌。味が濃いのは太陽の恵みを受けた印です。

いちごのコンフィチュール

甘みと酸みのバランスがよくて果肉がしっかりした
昔ながらの小粒のいちごで作るコンフィチュールは今だけの楽しみ。

材料（1回に作りやすい分量）

いちご（ヘタを取る）…300g
グラニュー糖…100g
レモン汁…大さじ2
ホワイトラム（好みで）…大さじ1

作り方

1　鍋にいちご、グラニュー糖、レモン汁を入れて軽く混ぜて、30分ほどおく。

2　1がしっとりして、果汁が出てきたら、弱めの中火にかけてひと煮立ちさせ、アクを取り除く。

3　2を弱火にし、ときどき混ぜながら20分ほど煮る。好みで途中、ホワイトラムを加える。

4　3の粗熱がとれたら、煮沸消毒した保存瓶に入れて冷蔵庫へ。

立夏　二十一候

竹笋生

五月十五日〜五月二十日頃

たけのこしょうず

入梅はまだ少し先で雨が少ないこの時分、筍は成長が早く、十日もすれば竹になってしまいます。筍という字は竹と旬から成りたっていますが、その旬という字にはもともと十日間という意味もあるので、筍が成長する速さと符合します。三、四月に出回る筍は孟宗竹。竹笋生の頃は掘りたてなら生でおいしい真竹です。

油で揚げることわずか1分。衣がカラッと揚がったら、塩と粉山椒をパラリで、熱々を口に運びます。

筍の天ぷら

材料（2人分）

ゆで筍…300g
薄力粉…½カップ分
氷水…180mℓ
油…適量
ごま油…大さじ1
塩、木の芽、
粉山椒（好みで）…各適宜

作り方

1　ゆで筍は、穂先は放射状に切り、根元に近い部分は1cm厚さの輪切りにし、水気をしっかりとふく。
2　薄力粉に氷水を少しずつ加えながら、ダマが残る程度にさっくり混ぜる。
3　普段使用している揚げ油に、ごま油を加えて火にかけ、180℃に熱する。
4　薄力粉少々（分量外）を1の全体に薄くまぶしつけ、2にくぐらせ、軽く衣をきってから静かに3に入れる。
5　筍が全体に薄く色づき、カリッとなるまで1分ほど揚げる。好みで塩、木の芽、粉山椒を添える。

五月五日

端午の節句

端午の節句は蓬《よもぎ》で人や虎の形を作って邪気を払った古代中国の行事が起源。『日本書紀』にも蓬と菖蒲で作った冠を頭にのせて厄災を払ったとあります。『枕草子』には菖蒲と蓬の清浄さを愛でる様子があります。中世、菖蒲は尚武（武運）に通じると武士に尊ばれます。わが家は、男子の成長を願う島根の出雲《いずも》地方の郷土料理をアレンジした寿司で、息子の健康を祈ります。

笹巻き蒸し寿司

笹の葉の清々しい香りをまとわせた寿司は、少しだけぬくもりが残るくらいが食べ頃です。

材料（4個分）

えび…2尾(40g)
干ししいたけ…2枚
にんじん(薄いひさご形に切る)…4枚
ごはん…400g
卵…2個
片栗粉(同量の水で溶く)…小さじ1
笹の葉…8枚
酒…大さじ1
いり白ごま…少々

A
しょうゆ…大さじ1
みりん…大さじ1
酒…大さじ1
水…大さじ2

B
米酢…大さじ2
砂糖…小さじ1
塩…小さじ1/3

C
砂糖…小さじ1/2
塩…小さじ1/4

作り方

1 えびは背わたを除き酒を加えた熱湯で、約1分ゆで、そのまま冷ます。殻をむき横2等分に切る。
2 干ししいたけはかぶるくらいの水にひと晩ひたす。石突きを取って、薄切りにし、〈A〉とともに鍋に入れ、弱めの中火で汁気がなくなるまで煮つめる。にんじんは熱湯で軽くゆでる。
3 ごはんに〈B〉を上からかけるように入れ、混ぜる。
4 卵に〈C〉と、同量の水で溶いた片栗粉を加えて混ぜ、油少々(分量外)をひき、熱したフライパンで薄焼き卵を作る。粗熱がとれたら細切りにする。
5 笹の葉2枚を十字に重ね、3の1/4量を平たくのせたら、1、2、4をのせて包み、楊枝で留める。同様に4個作る。
6 蒸気の立った蒸し器で5分ほど蒸す。食べる直前に笹の葉を開き、いり白ごまをふる。

小満

しょうまん

五月二十一日～六月五日頃

七十二候

二十二候	二十三候	二十四候
蚕起食桑 かいこおきてくわをはむ 五月二十一日～五月二十五日頃	紅花栄 べにばなさかう 五月二十六日～五月三十日頃	麦秋至 むぎのときいたる 五月三十一日～六月五日頃

五月下旬、二十四節気は太陽の光を受けて地上の生命が輝き満ちる小満へ。小は一定を、満は満ち足りることや、安定を意味します。春でもなく真夏でもない束の間の初夏。寒い冬に植えた種や苗はこの時分にはしっかり根づき、一定の大きさに成長します。私の小さな畑でも大好きな豆たちが葉を繁らせてくれてひと安心の時。豆は手をかけた分だけ、大きな実をつけてくれます。固く閉じたさやの合わせめに両の親指を差し入れて割ると、愛らしい豆が現れるあの一瞬や、指先に移ったさやの香りをかいだ瞬間に小さくささくれだっていた気持ちも癒やされます。小満に連なる二十二候の蚕起食桑は蚕が桑の葉を食べて成長する頃。空豆は蚕の形に似ていることから蚕豆とも書きます。二十三候は古くから生薬や染料に使われる紅花が咲く頃で紅花栄。二十四候の麦秋至は麦の穂が実って黄金色に輝く頃。秋は実りを表します。

小満　二十二候

蚕起食桑

かいこおきてくわをはむ

五月二十一日～五月二十五日頃

起という字は蚕が孵化《ふか》すること。蚕が桑の葉をムシャムシャと賑やかな音を立てて食べて成長する頃、空豆は旬を迎えます。空豆は新鮮なものほど甘く風味豊か。収穫後は鮮度が落ちるのが早く、農家さんに「3日が命」と聞きました。ゆでたり焼いたりするだけで十分おいしいのですが、私の大好物はだしの香りをまとったうすあま煮です。

空豆のうすあま煮

空豆の背筋がおはぐろに変わる前の、初々しいとき限定のごちそうレシピです。

材料（4人分）

空豆（サヤつきで）…600g

A
- かつお昆布だし…1カップ
- 酒…大さじ1
- みりん…大さじ2
- 淡口しょうゆ…大さじ1
- 塩…少々

作り方

1 空豆は皮と薄皮をむく。

2 鍋に〈A〉を入れて中火にかける。煮立ったら1を入れ、弱火にし、落としぶたをして5分煮たら火を止め、鍋底を氷水にあてて、一気に冷ます。

小満　二十三候

紅花栄　べにばなさかう

五月二十六日～五月三十日頃

紅花が咲く頃。古くから美しい黄色の花弁は生薬や染料に使われ、種子はサフラワー油で、私たちの暮らしを彩ってくれています。地球の異常気象で、陽射しが強く、すでに夏日も多くなるこの時期、家族の体力気力を養うべく香り豊かなパエリアに使って味わいます。

お米の鮮やかな色は紅花の花弁の色です。紅花の香りとタコのだしで深い味わいに。

紅花とタコのパエリア

材料（2～3人分）

ゆでタコ…150g
玉ねぎ…1個
ミニトマト…8個
さやいんげん…8本
紅花（乾燥）またはサフラン…少々
米（無洗米）…1.5合
サフラワー油…大さじ1
にんにく（薄切り）…1片
ぬるま湯…300mℓ
白ワイン…大さじ2
塩…小さじ1
ライム…1個
こしょう…少々

作り方

1 ゆでタコは水洗いし、乱切りにする。玉ねぎは粗いみじん切りにする。ミニトマトは2等分に切る。さやいんげんは両端を切り落とし、3等分に切る。
2 紅花は分量のぬるま湯に浸し、色が出るまで30分ほどおく。米はさっと洗う。
3 オーブンに入るフライパンにサフラワー油とにんにくを入れ、香りが立ってきたら2の色移りしたぬるま湯と米を入れ、白ワインと塩を加え混ぜる。
4 3の上に1をバランスよくのせ、あらかじめ200℃に温めておいたオーブンに入れて炊く。目安は15～20分くらい。
5 食べる直前に8等分に切ったライムをのせ、こしょうをふる。

小満　二十四候

五月三十一日〜六月五日頃

麦秋至

むぎのときいたる

黄金色に実った麦の刈り入れどき。秋の字はときを意味します。ミネストローネは生トマトがあれば一年中いつでもおいしくできますが、私は旬の食材でアレンジします。初夏は丸麦。丸麦は麦を精米しただけで押麦に加工しないので香ばしい風味が楽しめます。

フレッシュトマトのさっぱりスープにバジルが絶妙なアクセント。

麦のミネストローネ

材料（2人分）

丸麦…大さじ3
ベーコン…60g
玉ねぎ…½個
ピーマン…1個
オリーブオイル…小さじ2
にんにく（つぶす）…1片
トマト（大）…2個
白ワイン…50㎖
塩…小さじ⅔
粗びき黒こしょう…少々
バジルの葉…4枚

作り方

1 丸麦はさっと洗い、かぶるくらいの水（分量外）に30分ひたす。鍋に入れて、中火にかける。煮立ったら弱めの中火にして15分ほどゆでる。ベーコンは細切りにする。

2 玉ねぎは1・5㎝角に切り、ピーマンは2㎝角に切る。

3 鍋にオリーブオイル、にんにくを入れ、弱めの中火にかける。香りが立ったら2を加え、玉ねぎが透き通るまで炒める。

4 1・5㎝角に切ったトマト、水1カップ（分量外）、白ワイン、1を3に加え、アクを取りながらひと煮立ちさせる。

5 4を弱火にし、ふたをして約10分煮て、塩、黒こしょうで味を調え、バジルの葉をのせる。

芒種 ぼうしゅ

六月六日〜六月二十日頃

七十二候

二十五候	二十六候	二十七候
蟷螂生 かまきりしょうず 六月六日〜六月十日頃	腐草為蛍 くされたるくさほたるとなる 六月十一日〜六月十五日頃	梅子黄 うめのみきばむ 六月十六日〜六月二十日頃

二十四節気の芒種は、芒《のぎ》のある穀物の種蒔きどき。芒は麦や稲など穀物の実の先端にある棘のような突起のこと。麦は収穫を終えているので、暦の芒は稲のようです。でも、この時分の日本列島は田植えも一段落の頃。田畑の畦道《あぜみち》や叢《くさむら》は青々と茂り、かまきりの幼虫が孵化する、二十五候は蟷螂生。二十六候の腐草為蛍は入梅の直前。土中で蛹《さなぎ》となって羽化した蛍が朽ちた草の間から飛ぶ頃です。蛍の別名は朽草《くちくさ》。昔の人々は蛍は朽ちた草の生まれ変わりと信じていました。二十七候の梅子黄には梅雨入りします。青梅が熟して黄ばむ頃。わが家は梅仕事用に取り寄せた大量の青梅の香りで家じゅうが満たされます。灰色の低い空が続く季節は、梅の香りを漂わせるに限ります。スーパーにはらっきょう、枇杷《びわ》、さくらんぼも登場。台所仕事が忙しい季節ですが、自然の恵みのお世話をして、おいしくいただくための作業は幸せな時間です。

芒種　二十五候

蟷螂生 かまきりしょうず

六月六日〜六月十日頃

かまきりの姿が見られる頃。この時分が旬のフルーツといえば枇杷の実。最近の枇杷の実は糖度が高く、なめらかな食感の高級果物に昇格した感がありますが、昔ながらの、甘みが薄く果肉が少しかたいくらいの露地ものをシロップ煮にして食べるのも毎年の楽しみです。フルーツのシロップ煮は汁も飲みほせるように甘みと香りを調えます。

フォークがスーッと入るくらいの柔らかさに煮たら、そのままおいて、味をじんわり含ませます。

枇杷と八角のシロップ煮

材料（1回に作りやすい分量）

枇杷…6個
てんさい糖…大さじ5
水…400mℓ
桂花陳酒…50mℓ
A
八角…1個
粒こしょう…小さじ1
クローブ（丁子《ちょうじ》）…1個

作り方

1 枇杷は、皮を薄くむく。
2 鍋にてんさい糖と水、桂花陳酒を入れて中火にかけ、てんさい糖を煮溶かしたら〈A〉を加えて、再度、ひと煮立ちさせる。
3 弱火にして1を並べ入れたら紙で落としぶたをして10分ほど煮る。火を止めてそのまま冷ます。

芒種 二十六候

六月十一日〜六月十五日頃

腐草為蛍

くされたるくさほたるとなる

夕闇に蛍がほのかな光を放って叢《くさむら》から飛ぶ頃。待ちに待ったさくらんぼの季節の到来。促成栽培のないさくらんぼや梅の実は旬の賜物です。果肉が厚く濃厚な甘みを持ったアメリカンチェリーで初夏版のフルーツケーキを焼くのがこの時期のわが家の恒例。薄く切り、ホイップクリームを添えてお茶とともに初夏の小休止。

さくっと噛めば、
濃厚で上質な甘みが口中に広がります。

アメリカンチェリーのアーモンドケーキ

材料（15cm丸型1台分）

薄力粉…50g
ベーキングパウダー…小さじ½
アメリカンチェリー…15個
バター（無塩）…80g
てんさい糖…80g
卵…3個
アーモンドプードル…300g
牛乳…大さじ2
アマレット…大さじ1〜2
粉砂糖…小さじ½

下準備

オーブンを200℃に熱しておく。型にオーブンシートをしいておく。卵とバターは室温に戻しておく。

作り方

1 薄力粉とベーキングパウダーは合わせてふるっておく。
2 アメリカンチェリーは縦2等分に切り、種を除く。飾り用1個は取りおく。
3 ボウルにバターとてんさい糖を入れて、空気を入れながらホイップ状になるまで混ぜる。
4 卵を溶き、少しずつ3に加えて、分離しないようにしっかりと混ぜる。
5 アーモンドプードルと牛乳を4に加え、全体がなじむまでよく混ぜる。
6 1を5に加えてさっくりと混ぜ、型に入れたら空気を抜き、上に2をのせて軽く埋め込む。
7 200℃に熱しておいたオーブンに6を入れ、25〜30分焼く。
8 焼き上がったらハケでアマレットを塗り、粗熱が取れたら粉砂糖をふる。2の飾り用を中央にのせる。

芒種 二十七候

梅子黄 うめのみきばむ

六月十六日〜六月二十日頃

梅雨どきの慈雨を含んで梅の実が熟す頃。私は子どもの頃から祖母や母の梅仕事を進んで手伝っていた梅好き。梅のない人生は考えられません。祖母が遺《のこ》してくれた30年ものの梅干しは今も私の大切な宝物です。この時期黄色く熟した梅をたっぷりの水につけると生き生きとして、風雅な香りが立ってくるのを知ったのも子どもの頃です。今年も大切にお世話します。

青梅のシロップ漬け

青梅で最初に作るのがシロップ漬け。すぐに飲みきるので数瓶まとめて、仕込みます。

材料（1回に作りやすい分量）

青梅…1kg
氷砂糖…1kg
酢…大さじ1

作り方

1 青梅はさっと洗い、なり口のヘタを竹ぐしで取り除く。
2 梅がかぶるくらいの水に30分ほどつけて汚れを落とす。
3 2の水気を丁寧にふき、3〜4か所、フォークで刺して穴をあける。
4 冷凍用保存袋に入れて1〜2日間冷凍する。
5 熱湯消毒をした保存瓶に4と氷砂糖を交互に層にするように入れ、酢をまわしかける。
6 直射日光の当たらない場所に5を置き、ときどき揺すりながら7〜10日間おく。

夏至《げし》

六月二十一日〜七月六日頃

七十二候

二十八候	二十九候	三十候
乃東枯 なつかれくさかるる 六月二十一日〜六月二十六日頃	菖蒲華 あやめはなさく 六月二十七日〜七月一日頃	半夏生 はんげしょうず 七月二日〜七月六日頃

暦の上では、二十四節気の夏至は夏の盛り。太陽が黄経90度まで進み、最も高い位置にある夏至点を通過します。日の出は4時半頃。日照時間も一年のうちで一番長いときですが、夏の暑さはまだ序の口。日本列島は梅雨のさ中にあって、猛暑はもう少し先です。低くたれこめた空はうっとうしいものですが、自然は人間を励ますように菖蒲、くちなし、紫陽花と雨の似合う花々を咲かせてくれます。夏至に連なる七十二候はそんな花々に関わること。二十八候の乃東枯は冬至の頃に芽吹いた乃東（うつぼ草）が紫色の花を咲かせた刹那《せつな》、枯れる頃。だから別名は夏枯草。昔は田植えを終える目安でした。今の田んぼは青々と稲穂が育つ頃です。二十九候は菖蒲の花が咲く頃で菖蒲華。三十候の半夏生は涼し気な白い花を咲かせる半夏（からすびしゃく）の葉が茂る頃。食欲が落ちがちな梅雨どきは、旬の食材の力を借りて乗り切ります。

夏至　二十八候

乃東枯

なつかれくさかるる

六月二十一日〜六月二十六日頃

梅雨のさ中、乃東の紫色の花が咲いたと思ったらすぐに枯れて、花穂が黒ずむ頃。梅雨の蒸し暑さに気力、体力が落ちるこの時期、私は、身に脂はのっているのに軽やかな味わいの夏の鯵と、梅干しの力を借ります。そして、夏の魚に合わせたいのがたっぷりの薬味です。なかでも、筋が少なく辛みも穏やかな旬の新しょうがは欠かせません。

鯵《あじ》の梅たたき

煮切った酒をかけ混ぜるのがおいしさの肝。大人は酒の肴《さかな》で、子どもは丼で。

材料（2人分）

酒…60㎖
鯵（刺身用3枚おろし）…2尾分
新しょうが…1片
梅干し…1個
すだち…1個

作り方

1 酒を小鍋に入れて煮立たせ、アルコール分を飛ばして火からおろし、そのまま冷ます。
2 鯵は皮と骨を除き表面の水気をふいて、包丁で粗くたたく。新しょうがは千切りにし、水にさっとさらし、水気をふく。
3 梅干しを包丁で粗くたたいて2の鯵と合わせ、1を加えて和え、器に盛る。2の新しょうがをのせ、2等分に切ったすだちを添える。

夏至　二十九候

菖蒲華

あやめはなさく

六月二十七日～七月一日頃

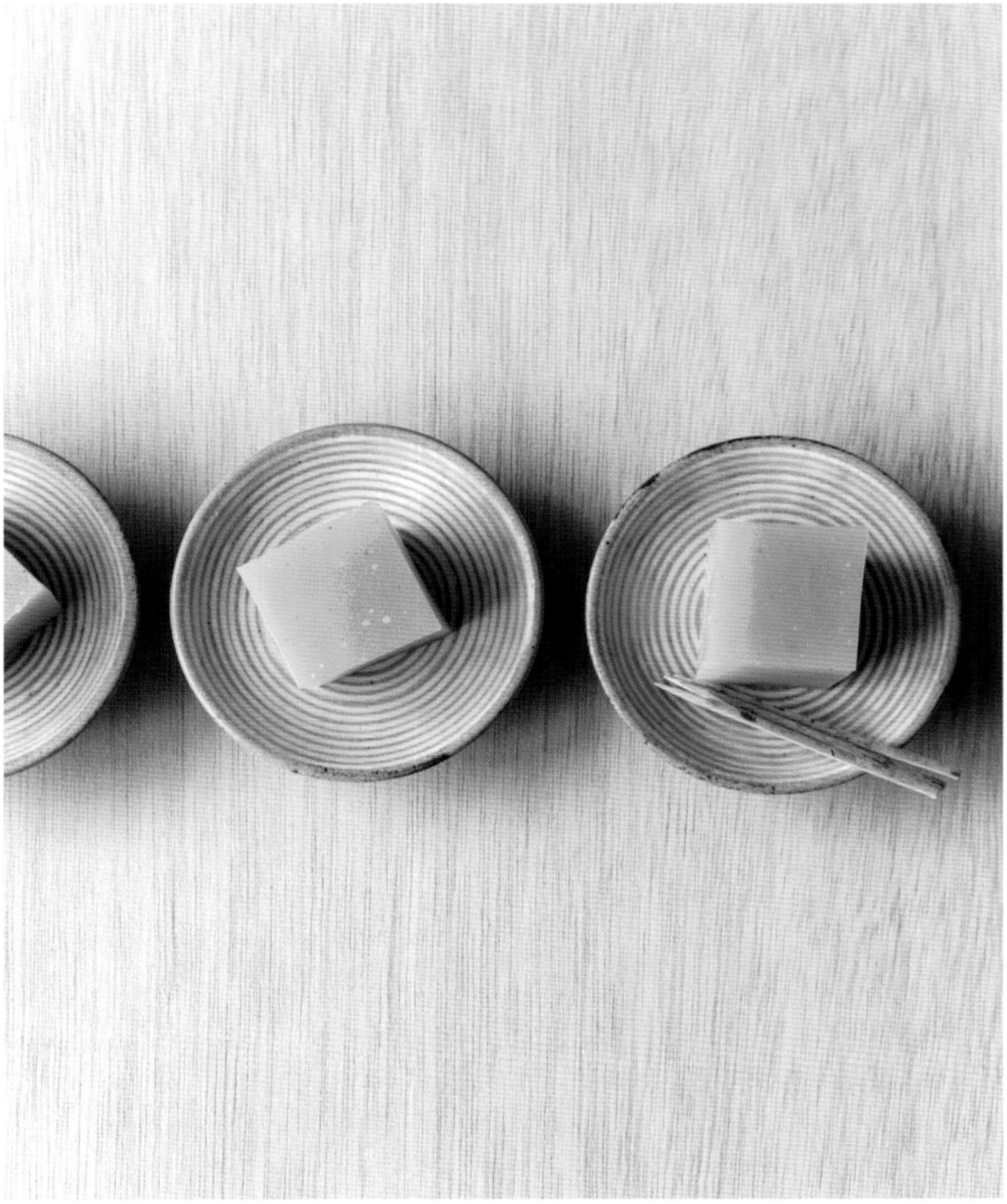

菖蒲の花が開く頃。ふいにくちなしの香りに出会えるのもこの時分の楽しみ。くちなしは古くから漢方薬の原料や、染料として人の暮らしを支えています。根菜類も美しい黄色に染めます。梅雨時のうっとうしさをはらってくれるのは、目にも優しいくちなし色の菓子。

夏のようかんは、
さつまいもの自然な風味を生かして。

くちなし色のいもようかん

材料（1回に作りやすい分量）

さつまいも…300g　水…100mℓ
くちなしの実…1個　粉寒天…2g
グラニュー糖…60g　塩…少々

作り方

1 さつまいもは皮をむき、1cm厚さの輪切りにして水に5分さらし、水気をきる。
2 くちなしの実は包丁で2等分に切り、お茶袋に入れる（またはガーゼに包む）。
3 鍋に1と2、ひたひたの水（分量外）、塩を入れ、中火にかける。
4 3が煮立ったら弱火にし、12分ほどゆでて柔らかくなったらざるにあげ、きっちりと水気をきる。くちなしの実は取り除く。
5 4を熱いうちに裏ごしし、グラニュー糖を加え混ぜる。
6 小鍋に分量の水と粉寒天を入れて中火にかけ、煮立たせたらさらに1分ほど煮て火を止める。
7 6を5に加え、なめらかになるまで混ぜたら、オーブンシートをしいた型に入れる。
8 7の表面を整え、平らなバットやお皿などにのせて冷蔵庫で冷やす。

夏至　三十候

七月二日〜七月六日頃

半夏生

はんげしょうず

半夏生の葉の表面が半分ほどおしろいを塗ったように白くなったら夏が来る。昔はそう信じられていました。半夏生は半化粧とも称されます。わが家の夏の訪れのサインは伊豆の天草を使ったところてん。酢と新しょうがをきかせて、猛暑に立ち向かう元気を養います。

酢じょうゆに、新しょうがを合わせて香りよく。

ところてん

材料(2人分)

ところてん…200g
新しょうが…1片分
青のり…少々

A
米酢…大さじ1
てんさい糖…小さじ1
しょうゆ…大さじ1
だし汁(または水)…大さじ1

作り方

1 ところてんはしっかりと水気をきる。
2 新しょうがは皮をこそげて、千切りにし、水に3分ほどさらして水気をふきとる。
3 1、2を合わせて器に盛り、合わせた〈A〉をかけ、青のりをふる。

六月三十日
夏越《なごし》の祓《はらえ》

夏越の祓は、イザナミノミコトの禊祓《みそぎばら》いにまで遡る古い神事です。わが家の近所の神社も毎年、大きな茅の輪《ち》が設えられます。この茅の輪を八の字を描くようにして3回くぐって半年間の穢《けが》れをきれいさっぱり払うというものです。夏越の祓といえば厄除けの鱗に見立てた和菓子、水無月《みなづき》がつきものですが、私は、猛暑を健やかに乗り切る願いを込めて紅白白玉を作ります。

紅白白玉

江戸の暑気払いを描いた楽しげな浮世絵から発想した私のオリジナルの夏菓子です。

材料(1回に作りやすい分量)

ビーツ…70g
白玉粉…100g
水…100〜150mℓ

A
梅シロップ(市販のものでOK)…大さじ4
水…200mℓ

氷…適量

作り方

1 ビーツは2cm角に切って鍋に入れ、水100mℓ(分量外)を加えて中火にかける。

2 1が煮立ったら弱火にし、さらに5〜6分煮て火を止め、そのままおいて冷ます。

3 白玉粉を2等分し、一つは分量の水を少しずつ加えて耳たぶくらいの固さになるまで混ぜる。

4 残り半量の白玉粉には2のゆで汁を少しずつ加えて、3と同様に耳たぶくらいの固さになるまで混ぜる。煮汁が足りない場合は水(分量外)を加える。

5 鍋に湯を沸かし、3と4を小さく丸めながら加え、弱めの中火でゆでる。浮いてきたらさらに3分ほどゆで、氷水にとる。

6 ボウルに〈A〉を合わせ混ぜ、水気をきった5を加えて軽く混ぜる。冷蔵庫で冷やす。

●余ったビーツの実はサラダやスープに活用するのがおすすめ。

小暑《しょうしょ》

七月七日〜七月二十二日頃

七十二候

三十一候
温風至
あつかぜいたる
七月七日〜七月十一日頃

三十二候
蓮始開
はすはじめてひらく
七月十二日〜七月十六日頃

三十三候
鷹乃学習
たかすなわちわざをならう
七月十七日〜七月二十二日頃

七月、二十四節気の小暑の頃は、梅雨明け前で天候が不安定な時期。暦の上では晩夏ですが、夏の暑さはこれからが本番です。江戸時代の暦にも、「大暑来れる前なればなり」(『暦便覧』)で、暑さはまだ序の口だと記されています。七十二候三十一候の温風至は南風が熱気を運んでくる頃。南風は湿気を帯び、雨に変わる積乱雲を生みやすく、梅雨明け直前の予期せぬ豪雨につながることがあります。楽しみにしていた七夕が曇った空や雨ということがときとしてあるのはその積乱雲のせい。三十二候の蓮始開は夜露を含んだ蓮の花が日の出とともに開く頃。早朝はわずかに涼風を感じます。三十三候の鷹乃学習は梅雨明け直前。鷹の子どもが獲物の捕らえ方を習って巣立ちの準備を始める頃です。この時期、蒸し暑さに気持ちがしおれがちな人間を救ってくれるように、太陽の光を養分とした夏野菜や果物が力をみなぎらせていきます。

小暑　三十一候
温風至
あつかぜいたる
七月七日〜七月十一日頃

風さえも湿度を感じる熱気を運んでくる頃。一日中、忙しく歩きまわって気がつけばのどはカラカラということもある季節。猛暑の始まりに体は無意識に身構えます。ひと夏を元気に過ごすために、体内に余分な熱と湿を溜めないように流れのいい体を心がけなければ。そのための助けになるのが夏の瓜類です。とりわけ、すいかは良薬です。

旅先の台北で出会った
素朴なすいかジュースを私流にアレンジしました。

すいかジュース

材料(2人分)

すいか(皮を切り取って)…400g
はちみつ…大さじ1〜2
レモン汁…大さじ1

作り方

1　すいかは種を取り、約3cmの角切りにする。
2　ミキサーに1とはちみつ、レモン汁を入れ、なめらかになるまで攪拌する。
3　冷蔵庫で1〜2時間冷やし、さっと混ぜてから飲む。

小暑　三十二候

七月十二日〜七月十六日頃

蓮始開　はすはじめてひらく

わずかに涼風を感じる早朝に蓮の花が開く頃。江戸時代には、蓮の花が開く時間に合わせて蓮見舟という小舟を出して観察する遊びがあったとか。蓮の葉は夏の料理にもさまざまなインスピレーションを授けてくれます。おこわを包んで蒸したり懐石では葉蓋《はぶた》にしたり。私は蓮のつぼみに見立てたみょうが寿司をのせます。

小暑の頃がみょうがの旬。
お寿司にして一口嚙めば、爽快な夏の香りがはじけ出ます。

みょうが寿司

材料（2人分）

みょうが…5〜6個
米…1合
酒…大さじ1
水…1カップ弱
昆布…3cm角1枚

A
米酢…100mℓ
酒…大さじ1
みりん…大さじ1
てんさい糖…大さじ1
塩…小さじ⅔

B
米酢…大さじ2
てんさい糖…小さじ2
塩…小さじ⅓

作り方

1 〈A〉を小鍋に入れて、ひと煮立ちさせる。
2 みょうがは沸騰した湯に20秒つけたら湯をきり、熱いうちに1につけ、ひと晩おく。
3 洗った米に酒と水を合わせ、表面をふいた昆布を入れて15分浸水させて、炊く。炊き上がったら昆布を除き、〈B〉を加えて、ふんわり混ぜる。
4 2の根元を切り落とし、外側を取りおく。
5 3を4の大きさに合わせて握り、4をのせる。水で洗って水気をふいた蓮の葉に盛りつける。好みで青ゆずの皮（分量外）を細かく切ってのせる。

小暑　三十三候

七月十七日〜七月二十二日頃

鷹乃学習　たかすなわちわざをならう

鷹の雛が親鷹に飛び方を習って巣立ちの準備をする頃。暦の上ではもう晩夏ですが、実際のところ猛暑は始まったばかり。うんざりする暑さに、台所にいる時間を短くしたいと思うのは無理もないこと。その気持ちを察してくれるかのように夏野菜は生のままでおいしく、火を入れてもごくごく短くていいからありがたい。

小気味のいい食感のきゅうりが昆布の優しい風味と塩みをまとって、ごちそうに格が上がります。

蛇腹きゅうりの昆布漬け

材料（2人分）

きゅうり…2本
塩…少々
昆布…10cm×5cm2枚
いり黒ごま…小さじ2

A
しょうゆ…大さじ1
酢…大さじ1
ごま油…小さじ2

作り方

1 きゅうりは両端を切り落とし、割り箸をきゅうりと平行に上下に置いて包丁でなるべく細かく切れ目を入れ、塩をなじませる。

2 〈A〉の材料を混ぜ合わせる。

3 昆布に1をのせ、2をまわしかけたら、もう1枚の昆布をのせてはさみ、1〜2時間おく。水気を軽くしぼり、食べやすい長さに切って昆布とともに器に盛り、いり黒ごまをふる。

七月七日
七夕

一年に一度、天の川にかかるかささぎの翼の橋を牽《けん》牛《ぎゅう》星が渡って、織女《しょくじょ》星と逢瀬を楽しむ古代中国の星《ほし》供《く》伝説が七夕の起源。牽牛は牛をひく彦星《ひこぼし》で、織女は水辺で機《はた》を織って彦星を待つ棚機《たなばた》つ女《め》。その伝説が日本にもともとあった、乙女が織った着物を神様に供えて秋の豊作を祈る棚機の行事と合わさったものです。平安時代には芸事の上達を願う行事ともなって、墨がよくのる梶《かじ》の葉に和歌をしたためてお祀りしました。

七夕そうめん

天の川に見立てたそうめんの白が際立つように、つゆは淡く澄ませて。

材料（2人分）

卵…1個
絹さや…8枚
みょうが…2個
そうめん…3束
塩…少々

A
砂糖…小さじ1/3
塩…ひとつまみ

B
かつお昆布だし…300mℓ
酒…大さじ2
淡口しょうゆ…大さじ1と1/2

作り方

1 ボウルに卵を割り入れ、〈A〉を加え、混ぜる。
2 熱したフライパンに太白ごま油少々（分量外）をひき、1を2回に分けて、薄焼き卵を作る。粗熱が取れたら細切りにする。
3 〈B〉を小鍋に入れてひと煮立ちさせて火を止める。粗熱が取れたら冷蔵庫で冷やす。
4 絹さやは筋を取り、塩を加えた熱湯で40秒ほどゆでる。冷水にとり、水気をふき、細切りにする。みょうがは小口切りにし、水にさっと放って水をきる。
5 そうめんを袋の表示通りにゆでて冷水にとり、水気をきって器に盛る。
6 5に3を注ぎ入れ、2と4を盛り付ける。

大暑
たいしょ

七月二十三日〜八月七日頃

七十二候

三十四候
桐始結花
きりはじめてはなをむすぶ
七月二十三日〜七月二十八日頃

三十五候
土潤溽暑
つちうるおうてむしあつし
七月二十九日〜八月二日頃

三十六候
大雨時行
たいうときどきふる
八月三日〜八月七日頃

二十四節気の十二番目の大暑は暑さが厳しいときですが、昔から「梅雨明け十日」といわれるように大暑に入る前後、梅雨明け後の十日間は快適な真夏の青空が広がります。七十二候三十四候の桐始結花は空に梢高くそびえる青桐が薄紫色の花を咲かせ、実を結ぶ頃。でも、それから五日後の三十五候の土潤溽暑はうだるような蒸し暑さで大地は湿潤、全身からは汗がふきだす頃です。溽暑は熱気がまとわりつくような蒸し暑さという意味です。三十六候の大雨時行は予期せぬ大雨にみまわれる頃。真夏の入道雲が一転、雨雲に変わり、先が見えないほどの夕立にみまわれます。一度降り出すと雨宿りなんて生易しい言葉ではすまないほどの豪雨になることもあります。こんな気候に翻弄される毎日でも気力を養い食欲を失わずにすむのは、夏の申し子の食材の恩恵です。香味野菜やスパイスの力を借りて食欲を刺激するのも忘れずに。

大暑　三十四候
桐始結花
きりはじめてはなをむすぶ
七月二十三日〜七月二十八日頃

青桐の花が咲く頃。夏の陽を浴びて養分を蓄えた盛りのとうもろこしをたっぷり入れて炊いたごはんは、ひと夏に幾度か作るわが家の定番、滋養ごはんです。とうもろこしはいいだしにもなります。炊き立ての湯気と一緒にとうもろこしの香りが鼻をくすぐり、目に飛び込んでくる鮮やかな黄色の粒々に、なくしかけていた食欲が一気に蘇ります。
あふれるほどの香りと甘みを秘めたとうもろこしのおいしさを、梅干しがさらに底上げしてくれます。

とうもろこしと梅干しのごはん

材料（2〜3人分）
米…1・5合
とうもろこし…2本
昆布（表面をふく）…5㎝角1枚
梅干し…2個
酒…大さじ1
水…300㎖

作り方
1 米は洗い、ざるにあげる。
2 とうもろこしは包丁で、芯から実をそぎ落とす。
3 鍋に昆布、1、2を芯ごと加え、梅干し、酒、水を加えて10分おき、ふたをして強火にかける。
4 煮立ったら弱火にし12分炊き、10秒強火にし、火を止めて10分蒸らす。
5 4から昆布ととうもろこしの芯を取り除き、梅干しを崩しながら全体をふんわり混ぜる。

大暑 三十五候

七月二十九日～八月二日頃

土潤溽暑 つちうるおうてむしあつし

全身にまとわりつくような蒸し暑さが続く頃。日中の熱が体の中に溜まったままの夕暮れどきに飲むのは、赤紫蘇シロップをベースにしたクールドリンク。子どもは炭酸水割り、大人はカクテル風に。毎年、梅仕事のために京都の大原から取り寄せる赤紫蘇で作ります。

赤紫蘇シロップのドリンク

ワインカラーが美しく、
食卓に出せば、わ～っと歓声があがります。

材料（1回に作りやすい分量）

赤紫蘇…300g
水…1.5ℓ
レモン汁（またはリンゴ酢）…大さじ3
てんさい糖…300g

作り方

1 赤紫蘇は葉を枝から摘み、茎は切り落とし、よく洗う。
2 鍋に水を入れて煮立たせたら1を入れ、赤紫蘇の色が煮汁に移って、葉が緑色になったら火を止める。ざるを通してこし、汁を鍋に戻す。
3 2にレモン汁、てんさい糖を加えて中火にかけ、アクを除きながら20分ほど煮つめる。
4 保存瓶に入れて、冷蔵庫へ。炭酸で割ったり、ジンで割ったりして。そのまま凍らせてシャーベットにしても。

大暑 三十六候

大雨時行

八月三日～八月七日頃

たいうときどきふる

予期せぬ大雨が降る頃。激しく降る雨に足止めされる日は、余計な味付けや段取りもなくて、火にかけておくだけでおいしくなるものを作りたい。この時分なら、伊豆・下田の友人が送ってくれる旬のあわび。「あわびは夏バテに効くらしい」という添え書きもありがたく、友とのご縁を感じながら過ごす贅沢な時間です。

あわびのやわらか煮

あわびを噛みしめると、
海の香りと濃厚なうま味が全身に染み入ります。

材料(1回に作りやすい分量)

あわび…200～250g
昆布…7cm×4cm2枚
日本酒…100mℓ
青ゆずの皮(すりおろす)…少々

作り方

1 あわびは殻から外し、たわしで表面の汚れをこすり落とす。肝は取っておく。

2 昆布をさっと濡らしてあわびの身と肝を挟み、そのまま殻に戻し、日本酒を注ぎ入れる。

3 蒸気の立った蒸し器に2を入れ、湯を足しながら6時間ほど蒸して、最高にやわらかくなったところで火を止める。

4 3の粗熱が取れたら、厚めのそぎ切りにして、殻に戻し、昆布をしいた器にのせ、青ゆずの皮をふる。

●肝は包丁でたたいてフライパンに入れて軽く炒め、バターとしょうゆをからめて濃厚な肝ソースにしてもいい。

七月二十日頃

夏土用の入り

四季の節目である「四立」の立春、立夏、立秋、立冬が始まる前の、およそ18日間が「土用」ですから、四季それぞれにあるのですがとりわけ、夏土用の入りは、体を労わる意味でも昔から大切にされてきました。しじみは夏土用の頃が盛りです。土用しじみと言われるほど、身がぷっくり太って旨みも栄養分も申し分なし。

しじみの紹興酒蒸し

台北で出会ったおいしいレシピを下敷きにした、猛暑をのりきる一皿です。

材料(2人分)

しじみ…200g
紹興酒…80㎖
しょうゆ…大さじ1
黒酢…大さじ1
ごま油…大さじ1
しょうが(千切り)…1片
白髪ねぎ…8㎝分

作り方

1 しじみは砂抜きする。
2 耐熱皿に1、紹興酒、しょうゆ、黒酢、ごま油を入れ、しょうがをちらす。
3 蒸気の立った蒸し器に2を入れて6分蒸し、ひと混ぜして白髪ねぎをのせ、そのまま食卓へ。

七月二十四日頃

夏土用の丑の日

夏の土用の丑の日は文字通り、十二支の丑の日に当たることからです。夏土用の丑の日に鰻を食べる始まりは、江戸時代の発明家、平賀源内がご贔屓の鰻屋のために作ったキャッチコピーだったというのが通説です。香りのいい薬味をたっぷりのせて暑気払い。

夏のスタミナ源はおいしい鰻。
真夏だからこそ熱いお茶をかけてさっぱりと。

鰻茶漬け

材料（2人分）

鰻の蒲焼き（市販）…150g
きゅうり…½本
みょうが…1個
ごはん…300g
実山椒の水煮…小さじ2
酒…小さじ1
しょうゆ…小さじ1
塩…小さじ¼

作り方

1 鰻の蒲焼きはアルミホイルにのせ、酒としょうゆをふりかけたらアルミホイルで包んで、魚焼きグリルで7分ほど焼く。

2 きゅうりは2㎜の厚さの輪切りにし、塩を加えて、軽く塩もみをして水気をしぼる。みょうがは千切りにし水にさらす。

3 器にごはんを盛り、食べやすく切った1、2をのせ、粗く刻んだ実山椒をふる。お茶（分量外）は食べる直前にかける。

八月一日

八朔

八朔《はっさく》の朔は一日《ついたち》の意味です。旧暦の八月は稲穂が実る頃。各地では「田の実の節句」が行われました。宮中ではお粥にすすきの穂を黒焼きにして混ぜた尾花粥が供されました。やがて、庶民は、この尾花粥が転じた黒ごま粥を食べるようになったのだそう。江戸時代、田の実が「頼み」に変じて、朔日の江戸城には貢物を持った武士が列をなして参内したのだとか。歴史から紐解いたこんな食の節目を設けるのも楽しいものです。

優しい黒ごまの香りが立ちのぼって食欲をそそる、これぞ暑気払いの精進粥です。

黒ごま粥

材料（2人分）

黒ごま…大さじ5
米…0.5合
水…700㎖
酒…小さじ1/3
いり白ごま…少々

作り方

1　黒ごまはフライパンでさっと空いりし、すり鉢で粉状になるまですりつぶす。

2　米は洗って鍋に入れ、水と酒を注ぎ、弱めの中火で40分ほど炊きおかゆを作る。

3　1と塩（分量外）を2に加え混ぜる。器に盛り、いり白ごまを散らす。

立秋《りっしゅう》

八月八日〜八月二十二日頃

七十二候

三十七候 涼風至《すずかぜいたる》 八月八日〜八月十二日頃

三十八候 寒蟬鳴《ひぐらしなく》 八月十三日〜八月十七日頃

三十九候 蒙霧升降《ふかききりまとう》 八月十八日〜八月二十二日頃

秋が始まる日、立秋。立つは始まりの意味です。初めて秋の気配がほの見える頃。肌を刺すような夏の強い日差しは続いていても、ここからは残暑です。立秋に連なる七十二候三十七候の涼風至は早朝や夕暮れ時などふとした瞬間に涼風を感じる頃だと暦は示します。三十八候の寒蟬鳴は行く夏を惜しむような蜩《ひぐらし》のカナカナという鳴き声が聞こえる頃。蟬《せみ》は夏の季語ですが蜩は秋の季語です。日本人の季節感は繊細に移ろうのです。三十九候の蒙霧升降は朝夕は涼しさを感じ、寒暖差がある山里や水辺に霧が立ち始める頃。現代人の体感とはずれがありますが、自然のサイクルは確実に秋へと進んでいます。私は根っからの料理好きで食いしん坊だから、体力を消耗するような残暑の中でも料理心は衰え知らず。夏中、元気をくれた夏野菜を中心に、行く夏を惜しみなく存分に味わい尽くす献立を考えるのはストレス解消の時間にもなります。

立秋 三十七候

涼風至

八月八日〜八月十二日頃

すずかぜいたる

毎年この時期、節目の一皿として家族で食べる果物があります。桃の実です。原爆投下後の荒涼とした長崎の大地に最初に緑の芽を出し、花を咲かせたのが桃だった、と学生時代に聞いたことがきっかけです。桃の強い生命力に平和と鎮魂の願いを込めています。残暑のさ中に食べる桃は、ハーブを合わせて、爽やかな味の一皿にしています。

桃とフェンネルのマリネ

下ごしらえした桃にレモン汁を手早くからめたら、冷蔵庫で15分。桃の繊維な味を生かしたいのでマリネは食べる数分前に。

材料(2人分)

桃…1個
レモン汁…大さじ1
モツァレッラチーズ
…1個(100g)
フェンネル…3〜4本
塩…小さじ¼
オリーブオイル…大さじ2

作り方

1 室温に戻した桃は沸騰した湯に20秒ほど入れた後、冷水にとり、皮をむく。水気をふきとって、3〜4cm角に切り、レモン汁をなじませ、15分ほど冷蔵庫へ。

2 食べる数分前に、食べやすい大きさに切ったモッツァレッラチーズ、適宜に切ったフェンネル、塩、オリーブオイルを加え混ぜる。

立秋 三十八候

寒蟬鳴 ひぐらしなく

八月十三日～八月十七日頃

朝夕の少し涼しい時間に蜩の鳴き声が聞こえる頃。蜩の鳴き声とお盆が私の中では繋がっています。お盆で大勢集まるときに喜ばれるのがすいかの果肉を丸ごと使ったゼリー。ひと夏を平穏に過ごせたことに感謝するデザートです。すいかの優しい風味でクールダウン。

大人の夏のデザート。はちみつを増やせば、子どもが大喜びする夏のおやつに。

すいかのゼリー

材料（1回に作りやすい分量）

すいか…500g
はちみつ…大さじ1
板ゼラチン…3枚
ジン…大さじ1

作り方

1 すいかは皮と種を除き、ミキサーにかけて攪拌し、ざるでこす。

2 1の分量を計って300mlにし（足りなければ水を足す）、小鍋に入れて中火にかける。

3 温まったところではちみつを加え混ぜ、溶けたら火を止める。水につけてふやかした板ゼラチンを加え混ぜて、溶かす。

4 3の粗熱がとれたら、ジンを加え混ぜ、器に入れて、冷蔵庫で約2時間冷やし固める。

立秋　三十九候

八月十八日〜八月二十二日頃

蒙霧升降《ふかききりまとう》

暦の上では、山里や水辺に白い霧が立つ頃。実際は連日の猛暑に疲れはピーク。そこで滋養をつけるべく食べるのが名残りの夏野菜、なすと万願寺唐辛子。どちらも、味も栄養も油と好相性。油で揚げてたれに浸して味を含ませます。暑くても台所に立つ甲斐がある味。

出来立てもおいしいけれど、
半日冷やして味がグンと染みた頃が好き。

なすと万願寺唐辛子の揚げ浸し

材料（2人分）

なす…4本
万願寺唐辛子…4、5本
油…適量

A
かつお昆布だし…300㎖
酒…大さじ2
みりん…大さじ2
しょうゆ…大さじ1
塩…小さじ½

作り方

1 なすはがくを取り除き表面に切れ目を入れ、水にさらして水気をしっかりふく。万願寺唐辛子は包丁で1〜2か所刺して穴をあける。

2 〈A〉の材料をすべて合わせて小鍋に入れ、中火でひと煮立ちさせ、火を止める。

3 油を170℃に熱し、1のなすを入れて、箸で押さえながら柔らかくなるまで揚げたら、油をきり、2に浸す。

4 万願寺唐辛子は表面の皮が軽くはじけるぐらいまで約1分揚げたら、油をきり、2に浸す。

八月十五日頃

盂蘭盆《うらぼん》

八月十五日は私たち日本人にとっては特別な日です。旧暦ではこの日と前後して盂蘭盆を迎えます。古代中国を起源とした行事ですが、7世紀には日本独特のお盆の形式で先祖を敬う行事となったという記録が残されています。この日、私が作るのは、宮城県南部地域の郷土料理の「おくずかけ」です。仕事柄、全国の郷土料理を現地でいただく機会も多く、東日本大震災の供養の話の中で知った、具だくさんの滋味深い汁物です。

おくずかけ

身近な幾種類もの野菜と油揚げ、具材のおいしさが溶け合った優しい味の汁物です。

材料(2人分)

里芋…2個
油揚げ…½枚
糸こんにゃく(下ゆでしたもの)…100g
長ねぎ…⅓本(40g)
にんじん…⅓本(50g)
さやいんげん…3本
しょうが(千切り)…1片
温麺(そうめんでもよい)…2束
かつお昆布だし…600㎖
酒…大さじ1
みりん…大さじ1
しょうゆ…大さじ1
塩…小さじ½
ごま油…少々

作り方

1 里芋は皮をむき2~3等分に切り、沸騰した湯に入れてさっと下ゆでする。
2 油揚げは熱湯を回しかけて油抜きをし、細切りにする。糸こんにゃくは食べやすい長さに切る。
3 長ねぎは斜め薄切り、にんじんはいちょう切り、さやいんげんは斜め切り。
4 鍋にごま油を入れて中火で熱したら、しょうがを入れる。香りが立ったら、2、3を加えてさっと炒める。
5 1、だし汁、酒、みりんを4に加え、ひと煮立ちさせアクを除き、ふたをして10分ほど弱めの中火で煮る。しょうゆと塩で味を調える。
6 温麺を袋の表示通りにゆで、湯をきって椀に盛り、5をたっぷりとかける。

処暑《しょしょ》

八月二十三日〜九月七日頃

七十二候

四十候	四十一候	四十二候
綿柎開 わたのはなしべひらく 八月二十三日〜八月二十七日頃	天地始粛 てんちはじめてさむし 八月二十八日〜九月一日頃	禾乃登 こくものすなわちみのる 九月二日〜九月七日頃

元気に日焼けした子どもたちの夏休みももうすぐ終わる頃、二十四節気は処暑へ。処には「とめる」「とまる」の意味があるので、暦の上では暑さが収まる頃ですが、実際のところは、わずかな日陰でも探してしまうほどの暑さは収まる気配がありません。そんな折に秋の七草の萩の花の小さなつぼみや、うろこ雲を見つけると一瞬、全身に秋風が通る気がするから不思議です。四十候の綿柎開は綿を包み込んでいるがくが開いて真っ白な綿花が現れる頃。昔は綿花栽培は暮らしに密着した大切なものだったのです。四十一候の天地始粛は夏の気がいよいよ収まり、万物が改まるときを意味します。心機一転、秋へといったところでしょうか。四十二候の禾乃登は黄金色の穂を垂らして稲が実る頃。私たちの体はといえば、夏中、頼っていたエアコンで体の芯には冷えが溜まる時期。体の中から優しく温める食事に向かう節目にいます。

綿柎開

わたのはなしべひらく

八月二十三日〜八月二十七日頃

処暑　四十候

綿の実を包むがくが開く頃。八月の終わり頃にはこれを食べないと私の夏は終わらない、と思うものが金糸瓜です。皮ごと4、5cm幅の輪切りにしてゆでると、薄い黄色の果肉は黄金色になって、そうめんのような細い糸状にほどけるのがなんとも不思議です。シャキシャキと噛めば、暑さに翻弄された体がゆっくり癒やされていきます。

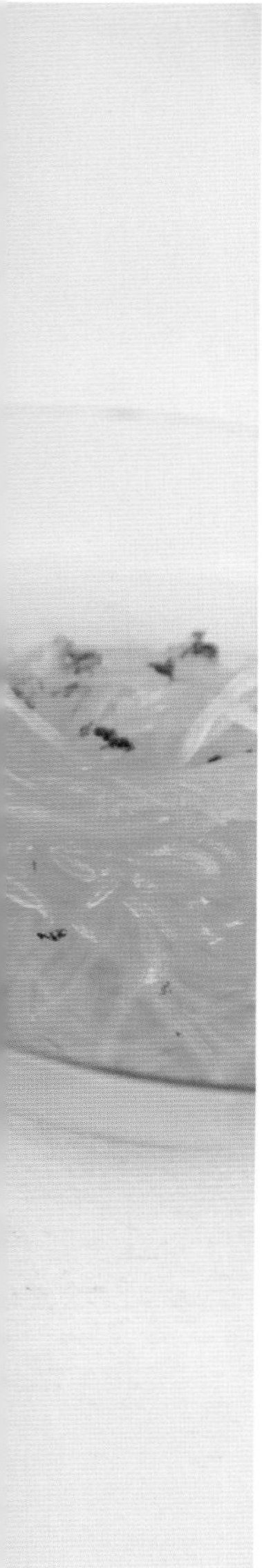

タイで食べた青パパイヤサラダがこのレシピが下敷きになっています。

金糸瓜そうめん

材料（2人分）

金糸瓜…½個分

A
- かつお昆布だし…300mℓ
- 淡口しょうゆ…大さじ1
- 酒…大さじ1
- みりん…大さじ1

青ゆずの皮…少々

作り方

1 〈A〉を小鍋に入れて中火にかけ、ひと煮立ちさせたら火を止める。そのままおいて粗熱をとる。

2 金糸瓜は約4㎝の輪切りにし、種を除き、沸騰した湯に入れてゆでる。

3 2が透き通って、糸状にほぐれてくるまで10分ほどゆでたら、取り出して水にさらし、水気をしっかりとふきとる。

4 3を1に浸し、冷蔵庫で30分以上冷やす。器に汁ごと盛りつけ、青ゆずの皮を散らす。

処暑　四十一候

八月二十八日〜九月一日頃

天地始粛

てんちはじめてさむし

朝夕はわずかに暑さが収まり空も高くなる頃。全国の先陣をきって熊本の利平栗がスーパーに登場。続いて、京都の丹波栗、そして長野の小布施栗と続きます。それぞれに味わいが異なるので、当分栗仕事が楽しめます。まずは一度作れば1シーズン楽しめる渋皮煮から。

栗は鬼皮と渋皮の筋をきれいに取ること。この二つをがんばれば美しく仕上がります。

栗の渋皮煮

材料（1回に作りやすい分量）

栗…1kg　てんさい糖…600g

重曹…小さじ2　ラム酒…大さじ3

作り方

1 栗は熱湯に30分浸し、渋皮を傷つけないように鬼皮をむき、水にさらす。

2 鍋に1とかぶるくらいの水を入れ、重曹を加えて中火にかける。煮立ったら弱火にして15分ゆでて、冷水にさらす。

3 2の水気をきって再度、栗を鍋に入れ、かぶるくらいの水を加えて中火にかけ、煮立ったら弱火にして10分煮て、冷水にさらす。

4 竹ぐしなどで渋皮に縦に入る筋をきれいに取り除き、さっと洗って鍋に入れる。

5 てんさい糖の半量とかぶるくらいの水（約800㎖）を加えて中火にかけ、煮立ったら弱火にし、残りのてんさい糖を加えてキッチンペーパーをかぶせて30分煮る。火を止め、ラム酒を加えそのままゆっくり冷ます。

● 冷蔵庫で保存。食べる際に器に盛り、好みで泡立てた生クリーム適量（分量外）を添える。

処暑 四十二候

九月二日〜九月七日頃

禾乃登 こくものすなわちみのる

禾の字はたわわに穂を垂らした穀物の象形文字が起源です。ある年、親しい農家さんが新米に添えて送ってくださった稲穂があまりに美しいので、油で揚げて一粒つまんでみたら、おいしいあられになっていました。以来、五穀豊穣に想いを馳せるわが家の節目の一皿。

穂がプチプチとはじける音がリズミカル。食べると口中に甘みが広がります。

稲穂揚げ

材料（1回に作りやすい分量）

稲穂…適量
油…適量
塩…少々

作り方

1 稲穂は表面の汚れをふき、180℃に熱した油で、穂がプチッとはじけるまで揚げる。

2 器に盛り、塩をふる。

● 稲穂はオンラインショップで入手可能です。

白露 はくろ

九月八日～九月二十二日頃

七十二候

四十三候 草露白 くさのつゆしろし 九月八日～九月十二日頃

四十四候 鶺鴒鳴 せきれいなく 九月十三日～九月十七日頃

四十五候 玄鳥去 つばめさる 九月十八日～九月二十二日頃

白露は、暦の上では仲秋、秋の真ん中です。まだ猛暑をひきずってはいても、わずかながら涼気を感じる日もあるから観察してごらん、と自然が教えてくれるような日々です。とくに早朝には、野の草花に朝露が降りる様が見られる、と。四十三候の草露白は草花に降りた朝露が陽の光を受けて白い玉に見える景色を表します。その美しい自然現象が現れるのは前の晩に気温が下がって大気が冷えるのが条件。大気中の水蒸気が草花に降りて朝露になるのです。四十四候の鶺鴒鳴は、夏より高く見える空にセキレイの鳴き声が響く頃。目に入ってくる景色も少しずつ秋の気配を増し、萩やすすきや野菊が姿を見せてくれます。九月後半、四十五候の玄鳥去は二十四節気の清明の頃に日本列島に渡ってきたつばめが南方に去る頃。そろそろ夏服をしまおうかなと迷う時分に。芋、栗、かぼちゃにぶどうやきのこ。台所も秋の食材が増えます。

白露　四十三候

草露白 くさのつゆしろし

九月八日～九月十二日頃

朝露が降りた草の露が白い玉に見える頃。白く輝く玉といえば私にとっては新物の里芋です。その里芋を蒸して作る大好きな料理が、二つのレシピを下敷きにした私流の里芋精進《さといもしょうじん》です。精進料理を習いに行って覚えたレシピと、祖母から譲られた料理カードにあったレシピ。丁寧に書かれた祖母直筆のレシピを見つけたときは小躍りしました。

軽い歯触りの油揚げとねっとりした里芋。おいしさは想像の数倍増しです。

里芋精進

材料（2人分）

里芋…4個
油揚げ…2枚
塩…小さじ1/3
油…適量
すだち…適宜

作り方

1 油揚げの表面に麺棒を転がして、空気を入れ、袋にしやすくする。2等分に切り、沸騰した湯に入れて1分ほどゆでてざるにとり、粗熱がとれたら破れないように気をつけながら手で袋状にする。

2 里芋は蒸し器で柔らかくなるまで蒸してから皮をむいてすり鉢に入れ、塩を加えて、やや粗めにつぶす。

3 2の粗熱がとれたら1に詰め、2㎝幅に切り、真ん中でごく軽くひねる。

4 180℃に熱した油に入れ、軽く色づくまで揚げる。器に盛り、すだちを添える。好みで粉山椒少々（分量外）をふる。

白露 四十四候

九月十三日〜九月十七日頃

鶺鴒鳴

せきれいなく

セキレイが空高く鳴き声を響かせて、秋の訪れを知らせてくれる頃。私たちの体も秋冬を元気に暮らす準備を始めておきたい時。この時期、意識して食べたいのは、この時分にたくさん採れる栗やくるみやどんぐりなどの木の実です。木の実とバターは好相性。

濃厚ななつめやしに、
バターのコクが後をひくおいしさ。

なつめバター

材料（2人分）

なつめやし（ドライ）…6個
バター（無塩）…20g
シナモンパウダー…少々

作り方

1 なつめやしは縦に切れ目を入れる。
2 よく冷やしたバターを6等分に切り、1にはさみ、シナモンパウダーをふる。

白露　四十五候

玄鳥去　つばめさる

九月十八日〜九月二十二日頃

つばめが南方へ去る頃。幾種類ものぶどうが店頭に並ぶ光景に秋の到来を感じる季節です。この時分の私の楽しみはさまざまなぶどうを食べ比べて、その年の一番を見つけ、お気に入りのオリーブオイルと生ハムと合わせること。年々短くなる秋らしい日を楽しむ味。

生ハムとぶどうとマリネ液。
甘いぶどうには塩味がよく合う。

ぶどうと生ハムのマリネ

材料（2人分）

ぶどう（巨峰、ピオーネなど）…10粒
生ハム…40g
ホワイトバルサミコ酢…大さじ1
塩…小さじ$\frac{1}{3}$
オリーブオイル…大さじ2
ディルの葉…1枚

作り方

1　ぶどうは縦2等分にし、種があるものは除く。
2　生ハムは食べやすい大きさに手でちぎる。
3　1、2をホワイトバルサミコ酢、塩、オリーブオイル、粗く刻んだディルと和え、少しおいて味をなじませる。

九月九日
重陽《ちょうよう》の節句

重陽の節句は、陰陽思想では陽の最も大きな数字の九が重なるめでたい日。不老長寿や無病息災を祈る、お九日《くんち》と呼ぶお祭りが各地で催されました。ちょうど菊の咲く時分で菊花の節句の別名もあります。菊花にちなんで、わが家は菊花の五目なますを作ります。

黄菊の小気味のよい食感とかすかに感じる苦み。日本の初秋の味わいです。

菊花の五目なます

材料（2人分）

菊花（食用菊）…50g
大根…150g
にんじん…½本（70g）
きゅうり…1本
生キクラゲ…2枚
米酢…小さじ2
塩…適量

A
米酢…大さじ2
砂糖…小さじ1
塩…小さじ⅓
柚子果汁…小さじ2

作り方

1 菊花はがくから花びらを手で摘み、米酢を加えた約600㎖の沸騰した湯で40秒ほどゆで、冷水にとって水気をしぼる。
2 大根、にんじん、きゅうりは細切りにし、各々小さじ¼の塩を加え混ぜてしんなりするまで10分ほどおき、水気をしっかりとしぼる。
3 生キクラゲは石突きを除き、沸騰した湯に入れて1分ほどゆで、水気をふきとり、細切りにする。
4 ボウルに〈A〉の材料を合わせてよく混ぜ、2、3を加えて和える。

九月十九日頃

秋彼岸の入り

鮮やかな紅色の彼岸花が咲く頃。秋分の日前後の3日間ずつが秋彼岸です。お祝いの食卓にのせることが多いお赤飯を、わが家はお彼岸にも。大昔は、神様に赤米を炊いて供えたと知って、ならばお彼岸にもと。蒸し器からあがる湯気と小豆の香りに癒やされます。

赤飯

お赤飯は蒸すほうが好き。旨み、甘み、滋味はじんわり蒸されて深くなります。

材料（3～4人分）

もち米…2合
ささげ（小豆でも可）…50～60g
水…600ml
塩…小さじ1
いり黒ごま…少々

作り方

1 ささげはさっと洗い、鍋に入れてたっぷりの水を加え、中火にかける。沸騰直前にざるにあげ、水にさっとさらし水気をきる。

2 鍋に戻し、分量の水を加えて中火にかける。煮立ったら弱火にして25～30分、指で豆がつぶせる程度の柔らかさになったらささげとゆで汁を分ける。ゆで汁は冷ましておく。

3 もち米はといでざるにあげ、2の冷ましたゆで汁に1時間ほどつける。

4 蒸気の立った蒸し器にさらしを敷き、3と分量の塩を入れて20分ほど蒸したら、2のささげをのせ、水を大さじ3（分量外）ふりかけて、さらに15分蒸す。

5 器に盛り、いり黒ごまと塩適量（分量外）をふる。

九月十七日頃

中秋の名月

中秋の名月は、その年によって多少の違いはありますが、二十四節気の秋分の前後です。十五夜お月さまです。お月見だんごは満月の丸い形に見立てたもの。昔は、里芋や豆など丸い形のものを飾っていたそうです。お供にすすきを飾るのは邪気払い。十五個のお団子の一番上は霊界に通じていると信じられていました。

お月見だんご

生地にてんさい糖を加えたほんのり甘いおだんごを、いわれにのっとってきっちり十五個に丸めます。

材料（15個分）

上新粉…120g
白玉粉…60g
てんさい糖…大さじ1
塩…ひとつまみ
ぬるま湯…120～150mℓ

作り方

1 上新粉、白玉粉、てんさい糖、塩をボウルに入れて合わせ、ぬるま湯を少しずつ加えて手につかなくなる程度までよくこねる。

2 15等分に丸め、沸騰した湯に入れて浮き上がってきてから3分ほどゆで、冷水にとり、水気をしっかりときる。

●ここでは器に合わせて、一段目に9個、二段目に5個、三段目に1個を積み重ねました。

●好みできな粉をまぶしたり、ゆであずきを添えて食べます。

秋分《しゅうぶん》

九月二十三日〜十月七日頃

七十二候

四十六候
雷乃収声
九月二十三日〜九月二十七日頃
かみなりすなわちこえをおさむ

四十七候
蟄虫坏戸
九月二十八日〜十月二日頃
むしかくれてとをふさぐ

四十八候
水始涸
十月三日〜十月七日頃
みずはじめてかるる

二十四節気の秋分は一年間で地球を一周する太陽が、黄経180度の位置に到達するとき。春分と同じく太陽が真東から昇り真西に沈み、一日の昼と夜の長さが同じになります。秋分を境に昼が短くなっていきます。仏教では私たちが住む此岸《しがん》とあの世の彼岸が最も近づくときで秋彼岸の中日。暦は、白露と同じく秋の真ん中、仲秋です。白露に連なる七十二候四十六候の雷乃収声は積乱雲がもたらした夕立も、それに伴う雷鳴も収まる頃。入道雲は鰯雲に変わり、高く澄んだ青空が広がります。四十七候の蟄虫坏戸は大地が冷え始め、虫たちも命を終えたり冬眠に備えたりする頃。月は冴え冴えとしてきます。四十八候の水始涸は水田の水を干して稲刈り準備をする頃。秋の実りで台所は賑やかです。食欲の秋、旬のおいしい食材をさらにおいしく料理したい、食べたいという欲がむくむくと湧いてくるのも自然の摂理のように思えてきます。

秋分　四十六候

雷乃収声

九月二十三日〜九月二十七日頃
かみなりすなわちこえをおさむ

夕立とともに鳴り響いていた雷が収まる頃。雷乃収声の始まりの日は、秋彼岸の中日でもあります。幼い頃からお彼岸にはご先祖様を思いながらおはぎを食べます。朝いちばんにもち米を炊き始めると鍋から上がる湯気と香りが、ゆるゆると台所と食卓に広がります。おはぎは小豆あんときな粉の二種類。家族の舌を喜ばせるスペシャリティです。

時間があればぜひ小豆あんも手作りで。ご先祖様を思う大切な時間です。

おはぎ

材料（6個分）

小豆あん（市販のもの）…200g
もち米…1合
きな粉…大さじ3
塩…ひとつまみ
水…1カップ
てんさい糖…大さじ½

作り方

1 小豆あんは6等分にしておく。
2 もち米はといでざるにあげ、水気をよくきって鍋に入れる。
3 2に水と塩を加えて、約2時間浸水させたら強火にかける。煮立ったら弱火にして、15分炊き、10秒強火にして火を止め、15分蒸らす。
4 3にてんさい糖を加え、すりこぎで上から押すようにしながら、半つきにして（少し米のつぶが残る程度）、6等分にする。
5 1の4つを手のひらに広げて4を中央にのせ、包み込むようにして形を整える。1の残りの2つは、手に4の残りを広げ、1を包んで形を整えたら、きな粉をまぶしつける。

秋分　四十七候

蟄虫坏戸　むしかくれてとをふさぐ

九月二十八日〜十月二日頃

虫たちが冬眠のために穴にこもる頃。秋の七草もそろそろ姿を消す時分、新物の生落花生が短い旬を迎えます。自分で苗から育ててわかったのは、落花生の生育は繊細で、手をかけた分だけ大きな実をつけて応えてくれること。一粒一粒に愛おしさを感じます。生落花生を蒸すとびっくりするほど甘みと風味が増します。

ゆで立てのやわらかい生落花生に
紹興酒がじんわり染みたごちそう。

落花生の紹興酒漬け

材料（1回に作りやすい分量）

生落花生…300g

A
- 紹興酒…100mℓ
- 八角…2個
- ナンプラー…大さじ2
- 黒酢…50mℓ

作り方

1 〈A〉を小鍋に入れてひと煮立ちさせる。

2 生落花生は蒸気の立った蒸し器に入れて、25分蒸す。

3 2が熱いうちに1に入れ、30分以上は漬けおく。

秋分 四十八候

十月三日〜十月七日頃

水始涸 みずはじめてかるる

田の水を抜き、稲刈りの準備をする頃。金木犀《きんもくせい》の花が満開になったと聞くや、友人宅の庭へ。金木犀の根元に大きな布を広げて幹や枝を優しく揺らすと、芳しい香りを放ちながら花びらがふわふわと布の上に落ちてきます。それを布にくるんで頂戴したら、挨拶もそこそこに帰って、シロップ漬けの作業に取り掛かります。

金木犀が満開なのは一週間。
大好きな香りに包まれる一年に一度の台所仕事。

金木犀のシロップ

材料（1回に作りやすい分量）

金木犀の花…1カップ
水…400㎖
グラニュー糖…200g
レモン汁…大さじ1

作り方

1 金木犀の花はざるでふるい、ゴミや茎、がくも丁寧に除く。
2 鍋に水とグラニュー糖を入れ、中火にかけてひと煮立ちさせて溶かす。
3 弱火にし、1を入れて1〜2分煮て火を止める。粗熱がとれるまでそのままおく。
4 浮いた花びらは除いて、レモン汁を加え、細かめのざるでこす。保存容器に入れて冷蔵庫で2週間ほどで使いきる。
●ヨーグルトやアイスクリームにかけたり、紅茶に混ぜたり、カクテル風にしても。

寒露

かんろ

十月八日〜十月二十二日頃

七十二候

四十九候
鴻雁来
こうがんきたる
十月八日〜十月十二日頃

五十候
菊花開
きくのはなひらく
十月十三日〜十月十七日頃

五十一候
蟋蟀在戸
きりぎりすとにあり
十月十八日〜十月二十二日頃

暦は晩秋、二十四節気は寒の字がつく寒露へ。朝晩は寒気が増し、朝露が冷たく感じられる頃だと告げています。寒露は朝露が凍りかけて今にも霜になろうとすることの意味。でも、最近は十月に入っても、朝方顔を合わせれば「今日も暑いね」と、夏をひきずったままの挨拶が普通になっています。それでも、湿度は低くなり、澄んだ空気の過ごしやすい日も増えていきます。七十二候の四十九候は鴻雁来。日本の冬を好む雁が群れをなして日本列島に飛来してくる頃です。そろそろ高山は色づき始め、さまざまなきのこが顔を出します。五十候の菊花開は菊の花が艶《あで》やかに咲く頃。自生の菊の花は朝方の気温が15℃から10℃くらいに下がらないと開花しないので、温暖化の昨今は開花時期がもう少し先になります。五十一候の蟋蟀在戸はこおろぎの鳴き声が民家の戸口で聞こえる頃。柿、梨、りんごなど旬の果物が登場します。

寒露 四十九候

鴻雁来
こうがんきたる

十月八日〜十月十二日頃

冬鳥の雁が群れをなして、北方から飛来してくる頃。これぞという旬のごちそうは、お財布が許す限り逃さず買いたい質です。秋ならやっぱりまつたけ。新米とのコラボの炊き込みご飯は一か月くらい先の楽しみにとっておいて、鴻雁来の頃は初物を土瓶蒸しにします。上等の日本酒を嗜むように汁をしみじみと味わい、まつたけを噛みしめて。

まつたけの土瓶蒸し

直火でごく軽く焙ると香りが豊かに立ち上ります。ちょっとの手間で奥深いおいしさが引き出されます。

材料(2人分)

まつたけ…小1本
昆布だし…350㎖
酒…大さじ2
ぎんなん(いって殻を除いたもの)…4個
淡口しょうゆ…小さじ2
三つ葉…2本
すだち…1個

作り方

1 まつたけは軸の先のかたい部分を削るように切り、直火で表面をさっと焙ったら、軸に包丁で切り目を入れ、縦に手で割く。

2 土瓶にだし汁、酒を入れて中火にかけてひと煮立ちさせたら、1とぎんなんを入れ、弱めの中火で2〜3分煮る。

3 淡口しょうゆと三つ葉を加え、さっと煮る。器に移し、すだちを薄いくし形切りにして添える。

寒露　五十候

菊花開

十月十三日〜十月十七日頃

きくのはなひらく

この時期、山形で栽培される食用菊の「もってのほか」が、スーパーの店頭に並びます。菊は不老長寿の縁起のいい花。「もってのほか」は延命楽というめでたい名前が正式名称ですが、菊（のご紋章）を食べるのは畏れ多いとか、思いのほかおいしいというのが由来です。

菊の風雅な香りが密やかに鼻から抜ける、ごく短い旬を楽しむごちそうです。

もってのほかの柑橘和え

材料（2人分）

もってのほか（黄、紫）…各80g
湯…1ℓ
酢…大さじ2
すだち果汁…3個分
淡口しょうゆ…小さじ2
すだち（薄切り）…1個分

作り方

1　もってのほかはそれぞれがくから花びらを手で摘む。
2　沸騰した湯に酢を入れ、1の花びらの一色分を入れて、約1分ゆでて冷水に取り、水気をしっかりとしぼる。もう一色の花びらも同じようにする。
3　2のそれぞれに、すだち果汁、淡口しょうゆを加えて和え、すだちを添える。

寒露　五十一候

十月十八日〜十月二十二日頃

蟋蟀在戸《きりぎりすとにあり》

きりぎりすやこおろぎが民家の戸口で鳴き始める頃。洋梨と和梨が店頭に揃って並ぶ季節です。いずれ劣らずのおいしさですが、昔からなぜか大好きなかための和梨を見つけたら、好みのスパイスとほのかな甘みのシロップに漬けて、舌と胃に秋の訪れを知らせます。

和梨にスパイシーなシロップが染み込んでいく時間差の味変が好き。

和梨のスパイス漬け

材料（2人分）

和梨…2個（500g）

A
- てんさい糖…100g
- シナモンスティック…1本
- カルダモン（ホール）…6粒
- 八角…2個
- クローブ…2、3個
- 水…500㎖

作り方

1. 和梨は皮と芯を除き、約4㎝角に切る。
2. 〈A〉のカルダモンは包丁の背でつぶして香りを出す。
3. 鍋に〈A〉の材料を全部入れて中火にかけ、ひと煮立ちさせて火を止める。
4. 3をそのままおいて粗熱がとれたら1を入れて味をなじませる。そのまま冷蔵庫に入れて、2〜3日で食べきる。

霜降《そうこう》

十月二十三日～十一月六日頃

七十二候

五十二候
霜始降
しもはじめてふる
十月二十三日～十月二十七日頃

五十三候
霎時施
こさめときどきふる
十月二十八日～十一月一日頃

五十四候
楓蔦黄
もみじつたきばむ
十一月二日～十一月六日頃

暦は晩秋、二十四節気の霜降へ。山里は冷えが強まり、霜が降りる頃。はるかな高山には初冠雪も見られます。五十二候は霜始降。霜が初めて降りる頃です。早朝、稲刈りを終えて一面茶色になった静かな田んぼにうっすらと霜が降りた光景が広がって冬近しと教えてくれます。河川敷には枯れた夏草の間からすすきやセイタカアワダチソウが群生する光景が見られます。近所のスーパーでは、晩秋から初冬が旬の味の濃い野菜や、冬の走りの魚が並び始めます。ついこの間まで夏を引きずっていた身にいきなり冬を感じることもあって、秋らしい佳き日が減っていることを実感します。五十三候は霎時施。澄んだ青空がにわかに曇ったかと思ったら通り雨のような時雨《しぐれ》が降る頃。時雨が降るごとに寒さが増します。五十四候の楓蔦黄は、楓《かえで》や蔦や銀杏《いちょう》の紅葉が進む頃です。しまいこんでいた土鍋を棚の奥から出さなければと思う頃です。

霜降　五十二候

霜始降 しもはじめてふる

十月二十三日～十月二十七日頃

山里に初霜が降りる頃。豆腐を和え衣に使った白和えが子どもの頃から大好きです。豆腐の優しい風味が四季折々の食材の個性を受け止め、噛みしめると口中に旨みが複雑にからまりあいながら広がります。豆腐は木綿にしたり絹ごしにしたり合わせる食材によって変えます。すりつぶして加えたくるみが、味をさらに滋味深くしてくれます。

柿の白和え

朱色の柿と木綿豆腐で晩秋の山里をイメージ。和えものにはかたい柿が好相性です。

材料(2人分)

木綿豆腐…½丁(150g)
柿…2個
くるみ(ローストしたもの)…20g
しょうゆ…大さじ½
塩…小さじ¼

作り方

1 木綿豆腐はキッチンペーパーで包み、豆腐の倍の重石をして1時間おき、水切りをする。
2 柿は上から1cmほどを横に切る。実をくり抜き、その実を2cm角に切る。
3 すり鉢にくるみを入れてすり、1、しょうゆ、塩を加えてすり混ぜる。
4 2の実を3に加えて和え、くり抜いた柿に詰める。好みで黒こしょう少々(分量外)をふる。

霜降　五十三候

十月二十八日〜十一月一日頃

霎時施 こさめときどきふる

時雨が降るたびに寒さが増します。体の中から温まりたいと思ったときは、とにもかくにも葛湯です。葛湯のおいしさに目覚めたのは、食通の友人からいただいたことがきっかけ。わが家の人気の定番は、奈良産の本葛粉。日本人のＤＮＡに刻まれた味は心も温めます。

とろりと熱い葛湯は舌にのった瞬間、みんなを笑顔にします。

葛湯

材料（2人分）

葛粉…15g
ぬるま湯…150mℓ
はちみつ…小さじ2
かぼす（薄切り）…適量

作り方

1 葛粉をぬるま湯で溶き、ざるでこしたら小鍋に入れる。

2 弱火にかけ、木ベラで練りながら、とろみがついて半透明になったらはちみつを加え混ぜる。

3 器に盛り、かぼすをのせる。

霜降　五十四候

十一月二日〜十一月六日頃

楓蔦黄

もみじつたきばむ

楓や蔦の葉が趣深く色づく頃。この時期、農家さんが大切に育てたりんごが果物売り場のメインの場所を占めます。その中から、私が迷わず買うのは真っ赤な紅玉りんごです。生で食べるなら品種も迷いますが、外気が冷えてきた時分に作りたいのは焼きりんごなのです。

甘酸っぱい紅玉りんごだからこそのスイーツ。焼き上がりに追いバターとメープルシロップ。

焼きりんご

材料(2人分)

紅玉…2個
バター(無塩)…30g
メープルシロップ…大さじ2
ラム酒(好みで)…小さじ2

作り方

1　紅玉の芯を包丁でくり抜き、バターの半量をのせ、メープルシロップの半量と好みでラム酒をかけてアルミホイルで包む。

2　200℃に温めたオーブンで15〜20分焼き、アルミホイルを取り除き、残りのバターをのせ、残りのメープルシロップをかけて器に盛る。

十月三十一日頃

ハロウィン

ハロウィンは季節の節目の楽しい行事として、すっかり日本になじんでいます。起源は２０００年以上前のヨーロッパ。ケルト民族の収穫を祝うお祭りです。仮装をするのは悪霊を驚かせて追い払うのが本来の目的でした。トリックオアトリートと言ってお菓子をもらい歩くのは、中世ヨーロッパで、農民がお祭りに使う食材をもらい歩いたことが起源だそうです。日本のハロウィンはアメリカ仕込みの要素が強いようです。

かぼちゃのプリン

ハロウィンにはやっぱりかぼちゃを食べたい。濃厚なかぼちゃと生クリームのシンプルなプリンです。

材料（1回に作りやすい分量）

かぼちゃ…３００g
牛乳…１００mℓ
てんさい糖…70g
生クリーム…１００mℓ
全卵…1個
卵黄…2個
シナモンパウダー…小さじ⅓

作り方

1 かぼちゃはところどころ皮をむき3cm角に切り、蒸気の立った蒸し器で柔らかくなるまで6分蒸し、熱いうちに裏ごしする。

2 鍋に牛乳とてんさい糖を入れて中火にかけて、てんさい糖が溶けたら火を止め、生クリームを加え混ぜる。粗熱がとれたら溶いた全卵と卵黄を加えて混ぜる。

3 2を1に少しずつ加え混ぜたらこし、シナモンパウダーを加え、耐熱容器（直径約20cm）に入れる。

4 天板にクッキングペーパーを敷き3をのせ、湯を器の1.5cmほどの高さまで注ぎ、あらかじめ１７０℃に熱しておいたオーブンで30分焼く。粗熱をとり、冷蔵庫で冷やす。

立冬《りっとう》

十一月七日〜十一月二十一日頃

七十二候

五十五候
山茶始開
つばきはじめてひらく
十一月七日〜十一月十一日頃

五十六候
地始凍
ちはじめてこおる
十一月十二日〜十一月十六日頃

五十七候
金盞香
きんせんかさく
十一月十七日〜十一月二十一日頃

二十四節気は立冬へ。旧暦の立冬は、山里に冬の気配が感じられる頃でしたが、最近ではそこまでの寒さは感じられませんが、立冬から立春の前日、二月三日の節分までが冬です。温暖化が進む昨今、場所によっては紅葉も始まったばかりだったり、気温もそれほど低くはなっていなかったり。そんな私たちの体感をよそに太陽は、暦と歩調を合わせて冬に向かって進んでいるので、陽の光は弱まり、夕日はつるべ落とし。日照時間はさらに短くなっていきます。立冬に連なる七十二候五十五候は山茶始開。冬告げ花の別名を持つ山茶花《さざんか》が咲いては散りを繰り返しながら冬の真ん中を意味する仲冬へと進みます。五十六候の地始凍は北の地方では寒さに大地も凍る頃。五十七候の金盞香は水仙が咲き始める頃。そろそろ、おいしい根菜類に肉や魚のたんぱく源の旨みがじんわり染みた、こっくりとした味が恋しくなる季節です。

立冬　五十五候

山茶始開　つばきはじめてひらく

十一月七日〜十一月十一日頃

冬を告げる山茶花が咲く頃。仕事柄、絵を描くように、季節の情景から料理を連想することもあります。千葉県で古くから続く郷土料理の飾り太巻きに興味津々、現地に幾度も通って巻き方を教えていただいたのもそんな想いがきっかけでした。巻き終えて不安な気持ちでお寿司に包丁を入れ、想像通りの模様が断面に現れたときは感激でした。

飾り太巻きでは定番の四海巻き。
お祝い事にもぴったりな郷土料理です。

飾り太巻き

材料（1本分）

すし飯…350g
梅干し（赤紫蘇漬け）…2個
焼きのり…3〜5枚
きゅうり…1本
厚焼き卵（1cm角×10cmの長さのもの）…2本

作り方

1 すし飯は200gと150gに分ける。150gのほうに、種を除いて包丁でたたいた梅干しを加え混ぜる。

2 巻き簀《す》に焼きのり1枚をのせ、奥を5cmほど空けて、150gのすし飯を広げ、すし飯の中心に縦に細切りにしたきゅうりをバランスよくのせ、手前から巻く。

3 巻き簀にのり1枚をのせ、奥を1cm程残して200gのすし飯を広げ、2をすし飯の中心にのせて巻き、縦に十字に4等分に切る。

4 巻き簀に残りののりを水をつけてつなげ、3を背中合わせにのせ、真ん中に厚焼き卵をのせて四角く形を整えながら巻く。食べやすい大きさに切って器に盛る。

立冬　五十六候

十一月十二日〜十一月十六日頃

地始凍

ちはじめてこおる

北の地方では寒さに大地も凍り始める頃。この季節、どっしりと重く新鮮な白菜を見つけると、まずは葉先をつまんで食べてみるのが私のクセ。甘く、柔らかく、みずみずしい葉に最初から火を入れてしまうのはもったいないから、まずはフレッシュサラダで味わいます。

味つけはレモンとオリーブオイルと塩。生の白菜のおいしさが際立ちます。

白菜サラダ

材料（2人分）

白菜（葉先部分）…150g
塩…小さじ⅓
レモン汁…大さじ1
オリーブオイル…大さじ1〜2

作り方

1 白菜は葉先の柔らかい部分をそぎ切りにする。

2 食べる直前に1に塩、レモン汁、オリーブオイルをまわしかけさっと混ぜる。

●茎もそぎ切りにして軽くゆでて加えると、サラダの味がさらにふくらみます。

立冬　五十七候

十一月十七日〜十一月二十一日頃

金盞香

きんせんかさく

金盞は水仙の花。芳しい香りを放ちながら、花を咲かせる頃です。空気が冷えた朝の台所に立って、ひと晩水につけておいた白いんげん豆を煮る。空気が温まってくる頃、いい香りを漂わせて煮上がります。上手に煮えたら、ふきんを使ってひと手間かけて茶巾しぼり。

炉開きの時分。お茶席の敷き松葉をイメージした盛り付けで。

白いんげん豆の茶巾しぼり

材料（約8個分）

白いんげん豆…100g

メープルシロップ…大さじ4

塩…小さじ1/4

作り方

1 白いんげん豆はさっと洗い、かぶるくらいの水にひと晩浸して戻す。

2 1をざるにあげ、鍋に入れ、かぶるくらいの水を加えて中火にかける。水を差しながら柔らかくなるまで約50分ほどゆでる。

3 2をざるにあげ、再度鍋に戻し、メープルシロップと塩を加えてヘラで混ぜながらもったりするまで弱火で混ぜながら煮る。

4 粗熱をとり、濡らしたふきんを使って茶巾にしぼる。皿に松葉を敷いてのせる。

小雪《しょうせつ》

十一月二十二日〜十二月六日頃

七十二候

五十八候
虹蔵不見《にじかくれてみえず》
十一月二十二日〜十一月二十六日頃

五十九候
朔風払葉《きたかぜこのはをはらう》
十一月二十七日〜十二月一日頃

六十候
橘始黄《たちばなはじめてきばむ》
十二月二日〜十二月六日頃

二十四節気の小雪は寒さがさらに進んで、標高の高い山の頂は雪で覆われ、麓の里山でも雪が降り始める頃。街なかでも気温の低い日が増えていきます。陽射しは弱く、空気の乾燥が進んで、七十二候五十八候の虹蔵不見は虹が見えなくなる頃。虹は陽射しが強く、梅雨のような優しい雨滴がある季節にかかるもの。五十九候の朔風払葉の朔という字は「はじめ」や「元に還る」の意味とともに北の方角を指す言葉です。冷たい北風に木の葉が舞う頃。温かい湯気が恋しく、体を芯から温めてくれるものが欲しい季節です。十二月初旬、六十候の橘始黄へ。橘の実がだんだんと黄色く色づく頃。橘は冬でも青々と繁る常緑樹で、古来、縁起のいい木とされます。師走に入り、魚介はタラ、カキ、ブリ。野菜なら大根、白菜、芹、かぶ、里芋。普段食べ慣れている冬の食材が旬を迎えて、よりおいしくなってくれるのはありがたいことです。

小雪　五十八候
虹蔵不見《にじかくれてみえず》
十一月二十二日〜十一月二十六日頃

蔵という字には「隠れる」という意味があります。虹蔵不見の頃は、二十四節気の清明に連なる十五候の虹始見の頃の気象条件とは正反対の時分です。この時期、わが家には待ちに待ったごちそうがあります。米どころの産地から直接届く新米です。新米のみずみずしくふくよかで澄んだ味は特別です。空気を含ませるようにふんわりとにぎります。

手塩は断然、藻塩がいい。
おいしい新米はさらにおいしく、甘く。

新米の塩むすび

材料（2〜3人分）
米…2合
水…370㎖
酒…大さじ1
藻塩…適量

作り方
1 米はといで、ざるにあげる。
2 鍋に1、水、酒を入れて10分おき、ふたをして強火にかける。煮立ったら弱火にして12分炊き、10秒強火にして火を止め、12分蒸らす。
3 炊き上がったごはんをふんわりと混ぜ、手に水(分量外)、藻塩の順につけて、にぎる。梅干し(分量外)を添える。

小雪　五十九候

朔風払葉

十一月二十七日〜十二月一日頃

きたかぜこのはをはらう

木の葉が北風に払い落とされる頃。亥の子餅は、江戸時代には無病息災を願って、亥の月の最初の亥の日の亥の刻に食べる習わしがあったそうですが、いつの頃からか、茶人の新年ともいえる炉開きの頃のお菓子になりました。私も倣ってお茶を点てて楽しみます。白玉粉で色も形も素朴な亥の子に似せて整えます。

亥の子餅

あんには、黒ごま、くるみ、
干しいちじくなどを混ぜて食感も楽しく。

材料（約6個分）

白玉粉…60g
水…100㎖
小豆あん（市販のもの）…180g
てんさい糖…大さじ1
いり黒ごま…小さじ½
きな粉…大さじ5
シナモンパウダー…小さじ½
くるみ（ローストしたもの）…5粒
干し無花果（小さく切る）…1個分（30g）

作り方

1 耐熱ボウルに白玉粉と、水半量を加えて混ぜてダマをつぶし、残りの水を加えてなめらかになるまで混ぜる。
2 小豆あん大さじ1とてんさい糖を1に加え、さらに混ぜる。全体が透き通ってくるまで繰り返し、最後にいり黒ごまを混ぜる。
3 2をラップをせずに電子レンジ（600W）で約1分加熱し、さっと混ぜたら、さらに1分加熱して混ぜる。
4 きな粉とシナモンパウダーを3に加え、バットに広げるようにのせ、6等分にする。
5 残りの小豆あんに粗く刻んだくるみと干し無花果を加えて混ぜ、6等分に丸める。
6 4を手のひらに広げ、5を包むようにして丸める。表面にきな粉（分量外）をまぶしつけ、亥の形に整える。

小雪　六十候

十二月二日〜十二月六日頃

橘始黄

たちばなはじめてきばむ

橘の実が黄色く色づく頃。橘は在来の柑橘の木です。冬でも緑の葉を繁らせるので昔は不老長寿の霊薬でした。寒さに疲れて体を休めたいときは、家族や友人と鍋を囲みます。海、山、畑から旬の食材も続々。味の組み合わせを考えて鍋の食材を集めると気分は上々。

この鍋に欠かせないのは、秋田は三関《みつせき》の芹。長くて真っ白な根は大切な材料のひとつです。鶏のキンカンは橘の実に見立てています。

鶏と芹の鍋

材料（2人分）

鶏もも肉…150g
芹…3束
鶏のキンカン（卵）…8個
しょうゆ…小さじ1
塩…小さじ½

A
昆布…3㎝角1枚
しょうが（皮つきのまま薄切り）…1片
酒…大さじ1
水…400㎖

作り方

1　鶏もも肉は皮を取り除き、食べやすい大きさに切る。

2　芹は根の部分をたわしで丁寧に洗って汚れを洗い流し、食べやすい長さに切る。根に近い部分は根が離れないように茎を切る。

3　鍋に〈A〉を加え、中火にかける。煮立ったら、1とキンカンを入れてひと煮立ちさせ、アクを取り、弱火にして7分ほど煮る。

4　鶏肉に火が通ったらしょうゆ、塩を加え、さらに2を加えて、ひと煮立ちさせる。

大雪 たいせつ

十二月七日～十二月二十一日頃

七十二候

六十一候 閉塞成冬 そらさむくふゆとなる 十二月七日～十二月十一日頃

六十二候 熊蟄穴 くまあなにこもる 十二月十二日～十二月十六日頃

六十三候 鱖魚群 さけのうおむらがる 十二月十七日～十二月二十一日頃

二十四節気の大雪は冬の真ん中で仲冬。北の地方は積もるほどの雪が降る頃。平地では今にも雪が降りそうな雪雲が見られます。太陽は黄経255度まで進んで陽の光はますます弱く、日中の時間はさらに短くなっていきます。大雪に連なる七十二候六十一候は閉塞成冬。空が灰色の厚い雲で塞がれる頃です。六十二候の熊蟄穴は熊が冬眠に入る頃。冬眠の時期を過ぎても熊が餌を求めて里山に出没する昨今、環境破壊の問題を意識せずにはいられません。動物が冬ごもりする時期は人の体の中も活動が鈍くなります。人も自然界で暮らす生物なのです。でも人に冬ごもりはありません。台所に立つ者として、寒さに負けないようにせいぜい頭と手を動かして、食養い《しょくやしな》いの料理で寒さを乗りきろうと思います。体の中から温めてくれる根菜や冬魚を使った料理のおいしさを再認識するのは毎年この時分。六十三候の鱖魚群は鮭が遡上する頃です。

大雪　六十一候

閉塞成冬 そらさむくふゆとなる

十二月七日～十二月十一日頃

灰色の重たい雲に空が塞がれ、寒さが強まる頃。この季節に旨みを蓄えたおいしい魚といえば真鱈《まだら》です。その真鱈で、ひと冬に複数回作るのがグラタン。グラタンはオーブンでじんわり火を入れるので、気がつけば台所も温まり、バターの香りが漂って。これは冬の小さな幸せのおまけです。

真鱈のグラタン

熱々の真鱈の身は口の中でほどけながら旨みを広げてくれます。

材料(2人分)

真鱈…2切れ
薄力粉…大さじ2
玉ねぎ…½個
じゃがいも…2個(300g)
バター(無塩)…20g
オリーブオイル…大さじ1
ローズマリーの枝(刻む)…1本
白ワイン…50㎖

牛乳…180㎖
ピザ用チーズ…80g
塩、粗びき黒こしょう…各適量

作り方

1 真鱈は塩小さじ½をふって10分置き、キッチンペーパーで水気をふいて臭みを取り、薄力粉大さじ1をはたくようにつける。

2 玉ねぎは縦に薄切りにし、じゃがいもは皮をむき5㎜の厚さの薄切りにする。

3 フライパンにバターとオリーブオイルを入れて中火にかけて熱し、1を入れて、鱈の表面を軽く焼き目がつくまで焼く。薄力粉を鱈をよけて加え、バターとなじませる。

4 2とローズマリーを3に加えてさっと炒め、白ワインを加えてひと煮立ちさせ、ふたをして約5分蒸し煮する。

5 牛乳を4に加えて軽くとろみがついたら、塩小さじ¼を加えてなじませ耐熱皿に移す。

6 ピザ用チーズを5にのせ、220℃のオーブンで12分、表面に焼き目がつくまで焼き、黒こしょうをふる。

大雪　六十二候

十二月十二日〜十二月十六日頃

熊蟄穴

くまあなにこもる

熊が冬眠する頃。天気予報が「明日は今季の最低気温」と告げたら、体を芯から温めてくれる参鶏湯《サムゲタン》の準備をします。下ごしらえさえしておけば、弱火で煮込むだけ。箸を入れた瞬間にほろっと崩れるほど煮込んだ鶏肉ともち米が溶け合って、舌にも体にも極上の優しさ。

材料が全部揃わなくてもいい。鶏肉ともち米とにんにくで十分おいしい。

参鶏湯

材料（2〜3人分）

干ししいたけ…2枚
れんこん（4cm角切り）…150g
水…1200ml
もち米…大さじ3
丸鶏（800g〜1kgくらいのもの）…1羽
にんにく（つぶす）…1片
なつめ…3〜4個
生栗…3個
紹興酒…80ml
長ねぎ（青い部分）…2、3本
朝鮮人参…2本
しょうが（薄切り）…1片
松の実…10g
九条ねぎ（小口切り）…2本

作り方

1 干ししいたけは分量の水にひと晩浸してそぎ切りにする。戻し汁はとっておく。もち米はさっと洗い、かぶるくらいの水に30分浸し、ざるに上げ塩少々（分量外）を混ぜる。

2 丸鶏は綺麗に洗い、水気をふき、1のもち米、にんにく、なつめ、生栗を詰めて、楊枝で留める。

3 2の表面をふき、腹側を上にし両足を組むように上で交差させて鍋に入れる。

4 1のしいたけと戻し汁、紹興酒、長ねぎ、れんこん、朝鮮人参、しょうが、松の実を入れ強火にかけ、沸騰したら中火にする。アクを取りながらふたをして約1時間半弱火で煮る。九条ねぎをのせ、塩適量（分量外）を添えて食べる。

大雪　六十三候

十二月十七日〜十二月二十一日頃

鱖魚群

さけのうおむらがる

海で大きく育った鮭が群れをなして、生まれ育った川に遡上する頃。この時期の脂がのった鮭の身は冬のごちそうです。ムニエルから鍋料理までおいしい食べ方はいくらでもありますが、まずはシンプルに焼いて、炊き立てのごはんとともに滋味をじっくり味わいます。

身の厚い鮭に、粗くおろした冬大根と、冬ねぎと三つ葉をたっぷりと。

鮭のみぞれ薬味のせ

材料（2人分）

生鮭…2切れ
塩…小さじ⅓
大根…200g
三つ葉…½束
しょうが…1片
細ねぎ…2本
橙（しぼり汁）…大さじ1
しょうゆ…大さじ1

作り方

1 生鮭は塩をふって20分ほどおき、キッチンペーパーで水気をふきとる。
2 大根は鬼おろしですりおろし水気を軽くしぼる。
3 三つ葉は粗みじん切り、しょうがは細切り、細ねぎは小口切りにして2に加え、橙、しょうゆを加えて混ぜる。
4 1を魚焼きグリルで焼き、3をたっぷりとのせる。

冬至 とうじ

十二月二十二日～一月四日頃

七十二候

六十四候 乃東生　なつかれくさしょうず　十二月二十二日～十二月二十六日頃

六十五候 麋角解　さわしかのつのおつる　十二月二十七日～十二月三十一日頃

六十六候 雪下出麦　ゆきわたりてむぎのびる　一月一日～一月四日頃

地球上の生命は太陽の恩みを受けて生きています。二十四節気の冬至の頃、北半球は太陽の高度が一年中でいちばん低い位置になり、日昼の時間は最も短く、夜が最も長くなります。至の字には極まるという意味が。古来日本では、冬至は陰の気が極まり陽の気に戻る節目とされ、冬が終わり春が始まる日であり、この日で悪いこともおしまい。運気が上がる一陽来復という呼び名もあります。北欧でも冬至は太陽が復活し春が始まる日で、さまざまな行事があります。冬至に連なる六十四候は乃東生。冬の枯れ野で乃東（夏枯草）が芽吹くとき。花が咲くのは翌年、二十八候の乃東枯の頃です。六十五候は麋角解。雄鹿の角が落ち、春に生え変わります。これも陰から陽に転換する節目です。元日から始まる六十六候の雪下出麦は、晩秋に種を蒔いた麦が雪の下で芽を出す頃。人も食で、寒さを乗り越える底力をじっと蓄えるときです。

乃東生 なつかれくさしょうず

冬至　六十四候

十二月二十二日～十二月二十六日頃

昔は、冬至には運気を上げる願掛けに、んの字のつく冬の七種《ななくさ》を食べる習わしがありました。なんきん（かぼちゃ）、きんかん、ぎんなん、れんこん、にんじん、かんてん、うどんの七つです。でも、春の七草のように一度に全部食べる必要はなく、選ぶ自由があるので、わが家は、かぼちゃ粥です。あとは柚子湯にゆっくり入って体はぽかぽかに。

かぼちゃ粥

体に優しい韓国風お粥。かぼちゃは蒸すと余計な水分が入らず滋味と甘味を逃さず味わえます。

材料（2人分）

かぼちゃ…300g
白玉粉…大さじ3
水…200mℓ
塩…小さじ½
すり黒ごま…少々

作り方

1 かぼちゃは種とわたを除き、3cm角に切り、蒸気のたった蒸し器に入れて柔らかくなるまで蒸す。
2 白玉粉と水を混ぜ、1と一緒にミキサーでなめらかになるまで攪拌する。
3 2を鍋に入れ、弱火にかけ混ぜながら7～8分、透明感が出るまで混ぜ、塩を加える。
4 器に盛りすり黒ごまをかける。

冬至　六十五候

十二月二十七日～十二月三十一日頃

麋角解　さわしかのつのおつる

雄鹿の角が抜け落ちる頃。大きな鹿の角は麋角《びかく》とよばれます。古い角を落としてきれいさっぱり新しい年へ向かうということでしょうか。そんなことが羨ましく思える大掃除シーズン。何かとあわただしい年末。知恵と食いしん坊魂で、手間も時間もかけずに、旬のおいしい食材を生かす料理に徹して乗り切っています。

ゆり根のほくほくの味わいは蒸した賜物《たまもの》。
レモンをきゅっとしぼりかけて味が完成します。

ゆり根のオリーブオイル蒸し

材料（2人分）

ゆり根…2個（180g）
塩…小さじ1/3
オリーブオイル…大さじ2
レモン汁…大さじ1

作り方

1　ゆり根は根を切り落とし、1枚ずつ丁寧に剝がす。
2　蒸気の立った蒸し器に1を広げて入れ、8分ほど蒸す。
3　器に盛り、塩をふり、オリーブオイルとレモン汁をかける。

冬至　六十六候

雪下出麦　ゆきわたりてむぎのびる

一月一日～一月四日頃

七十二候の雪下出麦は、正月三が日と重なります。新年を迎える頃、雪の下では、秋に種を蒔いた麦が芽吹いています。地上がどうであれ雪の下は常温を保っているので、新芽は守られます。寒さに耐える新芽は新しい年の希望でもあります。寒い地方では、冬の野菜を雪の下で保存する生活の知恵が今も生きています。

白みそ雑煮

わが家は全員、お雑煮好き。
家族のリクエストで各地のお雑煮を楽しみます。

材料（2人分）

鶏もも肉…½枚（150g）
にんじん…50g
大根…80g
かつお昆布だし…400mℓ
酒…大さじ1
白みそ…大さじ3
淡口しょうゆ…小さじ1と½
芹…½束
焼いた餅…2個

作り方

1 鶏もも肉は3cm角に切る。にんじん、大根は短冊切りにする。
2 だし汁に1のにんじん、大根、酒を入れて中火にかける。煮立ったら鶏肉を入れてひと煮立ちさせ、アクを除く。
3 ふたをして5分ほど煮て、白みそと淡口しょうゆを加え、芹を食べやすい長さに切って加えてさっと煮る。
4 焼いた餅を器に入れ、3をかける。好みですりおろしたゆず（分量外）を散らす

十二月二十四日、二十五日

クリスマス

もはや、宗教的な行事というより、楽しい冬の行事のイメージが強いクリスマス。いつの頃からか、家族や友達と囲む食卓のメイン料理はやっぱりローストチキン。昔から、七面鳥を食べるという食文化が日本にはあまりないからでしょうか？　鶏が焼ける香ばしい香りと音に誘われて家族が次々と台所に集まってきます。

ローストチキン

鶏とともに焼いた野菜も、鶏肉の旨みをまとったごちそう。主役の鶏も野菜も丸ごと食卓へ。

材料（3〜4人分）

米…50g
じゃがいも
（軽く蒸すか茹でる。レンジ加熱など、半分くらい火を入れておく）…2個
赤玉ねぎ…2個
マッシュルーム…2〜3個
にんにく（みじん切り）…1片分
甘栗…5、6個
白ワイン…大さじ3
水…100mℓ
ローリエ…2枚
バター（無塩）…20g
丸鶏（約1.2kgのもの）…1羽
塩…小さじ1と½
粗挽き黒こしょう…少々
オリーブオイル…適量

作り方

1 米は洗い、ざるにあげておく。じゃがいもは軽く火を入れておく。

2 玉ねぎはみじん切り、マッシュルームは粗みじん切りにする。

3 フライパンにオリーブオイルを入れて中火で熱し、にんにくを入れて香りが出るまで炒め、1、2を加え、炒める。

4 甘栗、白ワイン、水、塩小さじ½、ローリエを加え、水分がなくなるまで炒めて火を止め、バターを加えてなじませる。バットなどにあけて冷ます。

5 丸鶏は表面とおなかの中を洗い、水気をしっかりふきとる。

6 5に4を8分目まで詰めて、楊枝か竹ぐしでクロスさせて留める。

7 タコ糸を1mほど用意し、足をクロスさせて結ぶ。

8 鶏の表面に塩小さじ1、黒こしょうをなじませる。

9 あらかじめ熱しておいた170℃のオーブンに8を入れ、30分焼き、じゃがいもとペコロスを天板に置き、天板に落ちた油を鶏全体に塗る。再度、170℃で30分焼く。ときどき取り出して天板に落ちた油を鶏に回しかけながら60分ほど焼く(途中もう一度、油を塗ると艶よく仕上がる)。

十二月三十一日

大晦日

行く年を惜しみ、一年の間に出会ったさまざまな人やモノやコトに感謝しながらお蕎麦をすすります。大晦日に特別な思いを持つ私たち日本人が、年越し蕎麦を食べるようになったのは江戸時代のようです。蕎麦はうどんと比べると切れやすいので、一年の災厄を断ち切る、という思いが込められているのだそうです。

年越し蕎麦

わが家の年越し蕎麦の定番は鴨《かも》せいろです。
鴨の旨みが広がる熱々の汁に冷たい蕎麦をくぐらせます。

材料(2人分)

合鴨ロース…150g
長ねぎ(5cm長さで縦2等分に切る)…½本
かつお昆布だし…400mℓ
酒…大さじ1
みりん…大さじ2
しょうゆ…大さじ3
塩…小さじ¼
七味唐辛子(好みで)…適量
生蕎麦…2玉

作り方

1 合鴨ロースは室温に戻し、水気をペーパーでふき、筋を取り除く。
2 鍋を中火にかけ、鴨の皮目を下にして入れてこんがりと焼き、鴨を網かざるに、皮目を上にしてのせ、熱湯をまわしかけて油抜きをしたら、1・5cm厚さに切る。
3 2の鍋にだし汁、酒、みりん、塩、長ねぎを加え、中火にかける。
4 3が煮立ったら、2としょうゆを入れてひと煮立ちさせ、アクを除き、弱火にして3分煮て、器に盛り、好みで七味唐辛子をふる。
5 生蕎麦はゆでて冷水にとってしめたら、器に広げてのせる。4につけながら食べる。

小寒 しょうかん

一月五日〜一月十九日頃

七十二候

六十七候	六十八候	六十九候
芹乃栄 せりすなわちさかう 一月五日〜一月九日頃	水泉動 しみずあたたかをふくむ 一月十日〜一月十四日頃	雉始雊 きじはじめてなく 一月十五日〜一月十九日頃

お正月、まだ松の内の一月五日から二十四節気の小寒に入ります。寒さはいよいよここから本番ですが、小の字がつくように、まだ極寒には至らない「寒の入り」です。小寒から立春前日の節分までを「寒の内」といいます。小寒に連なる七十二候の六十七候は芹乃栄。枯れ野に薄氷が張った寒々しい水辺にも初々しい芹が緑の茎を伸ばして群生する頃です。太陽に促されるように自然界の命は春に向かって伸び育っています。六十八候は水泉動。地上は凍てつく寒さでも、地中には春の陽気が立ち始めて、固く凍っていた泉の氷がゆっくり動き始める頃です。薄氷が張った水辺も外気より水底のほうが温かになっていきます。そして、一月十五日の小正月から六十九候の雉始雊へ。高く澄んだ冬空に雉の鳴き声が響く頃。ごちそうが続いた年末年始に疲れた体を労わり、寒さから体を守るためには胃も心も温めてくれる料理が何よりです。

小寒　六十七候

芹乃栄 せりすなわちさかう

一月五日〜一月九日頃

薄氷が張った水辺に、淡い緑色の芹の若芽が群生する頃。芹は春の七草の一つです。初々しい緑色の葉も食感も茎も清々しいほど白く味の濃い根っこも芳しい青い香りもすべてが好き。芹の香りには鎮静作用があるのもありがたく、近所のスーパーで見つけたら数束まとめて買います。その新鮮な芹を生のまま使ってまず作るのがフォーです。

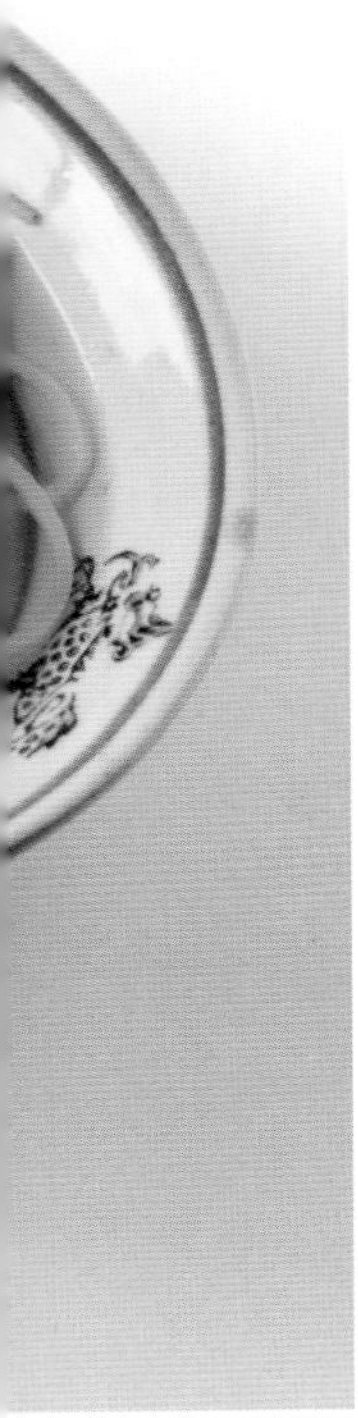

鶏スープにざくざくと切った芹をたっぷり。ニョクマムの香りが食欲をそそります。

鶏肉と芹のフォー

材料（2人分）

鶏もも肉…200g
フォー…150g
芹…1束
レモン（くし形切り）…$\frac{1}{2}$個

A
鶏だし…600㎖
酒…大さじ2
ニョクマム…大さじ2
しょうが（皮つきのまま薄切り）…1片

作り方

1 鶏もも肉は表面の水気をふく。

2 鍋に〈A〉と1を入れて弱めの中火にかけ、煮立ったら5分煮て火を止め、そのまま10分おく。

3 鶏肉を取り出し、好みで皮を除き、食べやすい細切りにする。

4 フォーは袋の表示通りにゆでて洗い、熱湯をまわしかけたら、湯をきり、器に入れる。

5 スープを4にかけ、ざく切りにした芹をたっぷりとのせ、レモンを添える。

小寒　六十八候

水泉動

一月十日〜一月十四日頃

しみずあたたかをふくむ

厳寒の中でも地中の泉はゆるんで動き始め、薄氷が張る水辺の水底も温んでくる頃。お餅の表面のひび割れを見ると私は水辺の薄氷をイメージします。一月十一日は鏡開き。かき餅やお汁粉でお正月納めを。昔は鏡餅のひび割れが多い年は豊作、と信じられていました。

鏡餅は切る、割るでなく、縁起を開くから「鏡開き」。残った切り餅もかき餅に。

かき餅

材料（1回に作りやすい分量）

角餅（丸餅でも）…3個

油…適量

塩…小さじ1/3

作り方

1　餅は8等分くらいに切り、ざるにのせて1日ほどかわかす。

2　170℃に熱した油に1を入れて、軽く色づくまで2〜3分揚げ、塩をふる。

小寒 六十九候

一月十五日〜一月十九日頃

雉始雊

きじはじめてなく

高く澄んだ空に雉の鳴き声が響く頃。寒さが厳しくなるほどに、土中で育つ長ねぎは巻きがしっかりして太く厚く、甘さを増します。そのおいしい冬のねぎは蒸すと、食べ慣れた野菜といつもの調味料なのに食感も味も格別。舌に優しくのって、とろけるおいしさです。

ねぎの旨みと調理料が溶け合った蒸し汁はパンにつけて食べ切りたいおいしさ。

ねぎのマリネ

材料（2人分）

長ねぎ…2本
白ワイン…50㎖
にんにく（薄切り）…1片
オリーブオイル…50㎖
ローリエ…1枚
塩…小さじ1

作り方

1 長ねぎは7㎝長さに切る。
2 耐熱容器に1を並べ入れ、白ワイン、にんにく、オリーブオイル、ローリエ、塩を入れたら、蒸気の立った蒸し器に入れて約15分蒸す。火を止めそのまま10分おいて味をなじませる。

一月七日
人日《じんじつ》の節句

人日の節句の起源は古代中国。一月一日は鶏、二日は犬、三日は羊、四日は猪、五日は牛、六日は馬の殺生をするなと定め、七日は人の殺生をするなと定められたことからです。また、それぞれの日にその動物で占ったという説もあります。人日の日には七種《くさ》の若菜で羹《あつもの》（温かい汁）を食べる習わしもあったので七種の節句とも。日本でも平安時代にはすでに、一月七日の子《ね》の日に、邪気払いで、若菜の雑炊を食べていました。

七草粥

芹、なずな、ごぎょう、はこべら、ほとけのざ、すずな、すずしろで七草。早春の若菜のエネルギーをいただき、無病息災を祈ります。

材料（2〜3人分）

七草…合わせて200g
米…0.5合
水…500mℓ
昆布だし…500mℓ
塩…小さじ1/3

作り方

1 七草はすべて粗く刻み、大根（すずしろ）、かぶ（すずな）は分けておく。
2 米は洗い、ざるにあげた後に鍋に入れ、水、だし汁を加え、中火にかける。
3 煮立ったら1の大根、かぶを加え、弱火にしてふたをし、ときどき混ぜながら約30分煮る。
4 1の残りと塩を加えさっと煮る。器に盛り、梅干し（分量外）を好みで添える。

一月十五日

小正月

昔は、小正月には小豆を入れた十五日粥を食べたり、小豆を炊いて善哉《ぜんざい》にしたりして、一年の無病息災を祈る習わしがありました。小豆には魔除けの力があると信じられていたからです。小豆は水に浸す必要がなくすぐ火にかけられるのも嬉しい。一時間もかからず、柔らかくいい香りに煮上がります。年末年始を忙しなく過ごした身には、豆を煮るのは幸せな時間です。

善哉

小正月の善哉は本来は鏡開きをしたあとのお餅を入れますが、お正月に疲れた胃にはお餅の代わりに白玉で軽く。

材料（2～3人分）

小豆…150g
てんさい糖…70g
塩…小さじ1/4
白玉粉…50g
水…50㎖

作り方

1 小豆はさっと洗い、鍋に入れてたっぷりの水を加え、中火にかける。沸騰直前にざるにあげ、水にさっとさらし、水気をきる。

2 1を鍋に戻し、ひたひたの水を加えて中火にかける。煮立ったら弱火にし、20分ゆでててんさい糖を加える。

3 弱火でさらに指で小豆がつぶせるくらいのやわらかさになるまで約20分、焦がさないように煮て、塩を加える。

4 白玉粉は分量の水を加えて耳たぶくらいのかたさに丸め、沸騰した湯に入れて浮いてきてからさらに3分ほどゆで、冷水にとる。

5 3を器に盛り4をのせる。

大寒　だいかん

一月二十日～二月三日頃

七十二候

七十候
欵冬華
ふきのはなさく
一月二十日～一月二十四日頃

七十一候
水沢腹堅
さわみずこおりつめる
一月二十五日～一月二十九日頃

七十二候
鶏始乳
にわとりはじめてとやにつく
一月三十日～二月三日頃

二十四節気の二十四番目、大寒です。冬の土用とも重なります。一年中で最も寒さが厳しいとき。でも、寒いからこそ醸しだされる味があります。この時期の天然水は水質がやわらかく腐ることがない「寒の水」と呼ばれて、みそやしょうゆ、日本酒の仕込みには欠かせない自然の恵みです。大寒に連なる七十候の欵冬華は凍てつく土中から蕗の花を抱えた蕗の薹《とう》が顔を出す頃です。蕗の花は閉じた葉に包まれています。七十一候の水沢腹堅は寒さが極まり、沢の水に厚い氷が張り詰める頃。七十二候の鶏始乳は鶏が卵を抱いて巣に籠る頃です。生産管理されて一年中卵を産む今の鶏と違って、昔の鶏は冬にはめったに卵を産まなかったので、卵を抱えている姿が見られるのは春近しの証だったのです。二月三日、大寒を締めくくる日が節分です。豆まきをし、恵方巻きを食べて一年の邪気を払います。翌日は立春、また新しい一年が巡ります。

大寒　七十候

欵冬華　ふきのはなさく

一月二十日～一月二十四日頃

蕗の花が咲く頃。蕗の薹は蕗の花芽です。山菜が大好きで、山菜が旬の間中、わが家の台所には何かしらあります。いの一番に食べるのは蕗の薹。届いたその日は天ぷらで。油が苦みの奥にあるほのかな甘みを引き出します。残りは家族が大好きな蕗みそに。この時分、こごみも旬。医食同源。山菜のほろ苦さは体を目覚めさせる良薬です。

山の雪がわずかに溶け出す頃、いち早く芽吹くのが蕗の薹とこごみです。

蕗の薹みそ

材料（1回に作りやすい分量）

蕗の薹…80g
太白ごま油…小さじ2
酒…大さじ1
みりん…大さじ2
砂糖…小さじ1
みそ…大さじ3
しょうゆ…小さじ1

作り方

1 蕗の薹は塩少々（分量外）を加えて湯に入れ、1分ほどゆでて冷水にとり、水気をきって粗みじん切りにする。

2 フライパンに太白ごま油を入れ中火にかけ1を入れてしんなりするまで炒める。

3 酒、みりん、砂糖を加えてひと煮立ちさせ、みそを加えてヘラで混ぜながらもったりするまで3〜4分炒め煮し、仕上げにしょうゆを加えて炒め合わせる。

大寒　七十一候

水沢腹堅《さわみずこおりつめる》

一月二十五日〜一月二十九日頃

沢の水が厚く張り詰めた氷になる頃。寒い季節は、体にエネルギーを溜めようとする自然の摂理なのか、旨みたっぷりの濃厚な味や油を使った味が欲しくなります。おいしい冬魚の代表格のふぐも、切り身をカラリと揚げるのがいい。揚げ立ての熱々にかぼすをきゅっ。

ふぐの旬は秋彼岸から春彼岸まで。大寒の頃は旨みが深まる盛りです。

ふぐの唐揚げ

材料（2人分）

ふぐのぶつ切り…500g
塩…小さじ½
酒…小さじ2
片栗粉…大さじ3
かぼす（スライス）…適量
油…適量
A
　薄力粉…大さじ2
　塩…小さじ⅓
　水…大さじ3

作り方

1 ふぐは塩をしっかりとなじませ10分おき、ペーパータオルで水気をふき、酒をなじませたら、薄力粉少々（分量外）を薄くまぶす。

2 〈A〉をすべてボウルに入れて合わせ、1を加えてからめ、片栗粉を揚げる直前に加えてさっと混ぜる。

3 油を180℃に熱し、2を入れて色づくまで4〜5分揚げる。器に盛り、好みで一味唐辛子（分量外）をふり、かぼすを添える。

大寒　七十二候

一月三十日〜二月三日頃

鶏始乳

にわとりはじめてとやにつく

大寒の時期に鶏が産んだ卵は大寒卵という名称があります。昔は、厳寒の冬の間、鶏は体を休めるかのように産卵数が少なかったので、間もなく春という大寒に産んだ卵は味も栄養も濃いというわけです。そのありがたい卵で作るのは、体を芯から温める茶わん蒸し。

茶碗蒸し

熱々の卵に、とろりとして芳しいおだしのたれをからめて食べます。

材料（5個分）

卵…3個
かつお昆布だし…450mℓ
淡口しょうゆ…小さじ1
塩…小さじ1/4
かまぼこ（薄切り）…80g
しいたけ（石突きを取り、薄切り）…1枚
食用菊の花びら…少々

A
葛粉…3g
かつお昆布だし…80mℓ
薄口しょうゆ…小さじ1と1/4
しょうが（絞り汁）…小さじ1/2

作り方

1 卵、だし汁を合わせて、切るようによく混ぜてざるでこし、淡口しょうゆ、塩を加え混ぜたら、再度こす。
2 器に、かまぼこ、しいたけを入れ、1を流し入れる。
3 2の表面の泡をスプーンできれいに取り除く（またはキッチンペーパーでふき取る）。
4 強火で沸騰させた蒸し器に3を入れ、約3分強火で蒸し、弱火にして約12分蒸す。軽く器を揺らし、ゆるい状態であればさらに2分ほど弱火で蒸す。竹ぐしをさして透明な液が出たことが確認できたら、取り出す。
5 小鍋に〈A〉を入れ、弱めの中火でとろみがつくまで煮立たせ、蒸し上がった4にかける。食用菊の花びらをのせる。

節分

二月三日

節分は節を分ける日。立春、立夏、立秋、立冬のそれぞれの前日が節分なので四つ。とりわけ、新しい一年が始まる立春の前日が尊ばれます。恵方巻きの習わしは、その年の歳徳神《としとくじん》がいる方向を恵方といい、その方向に向かって事をなせば成就するという縁起担ぎから。縁を切らない意味で、太巻き寿司を切らずに食べます。

恵方巻き

恵《え》方《ほう》巻きの具材に決まりはありません。一気に食べきれるよう短めに巻きます。

材料（3本分）

すし飯…600g
焼きのり（全形）…3枚
厚焼き卵（1.5cm角×15cmのもの）…3本
しいたけの甘煮…3枚分
かんぴょう煮…3本
三つ葉（さっとゆでて水にさらし、水気をふく）…1束

作り方

1 巻き簀《す》の上に焼きのりをのせ、すし飯を四方4か所に分けてのせる。
2 手水をつけながら奥側を1cmほど空けて全体に広げ、奥側は少し高めにすし飯を盛る。
3 中心にかんぴょう、厚焼き卵をのせ、奥に向かってしいたけ、三つ葉をのせる。
4 のりの端と巻き簀の端を合わせて具材を押さえながら、巻き簀を持ち上げ、奥側ののりに合わせて巻く。
5 全体を軽くなじませ、両端を押さえ、巻き簀に巻いたまま少しおく。

［具材］

厚焼き卵

材料（1回に作りやすい分量）

卵…3個
酒…小さじ1
砂糖…小さじ1/2
しょうゆ…小さじ1/2
塩…小さじ1/4
油…少々

作り方

1 卵を溶き、酒、砂糖、しょうゆ、塩を加えて混ぜる。
2 卵焼き器に油を入れ中火で熱し、1の1/5量ずつを流し入れて、巻いていく。
3 巻き簀に巻いて、粗熱がとれるまでそのままおく。

かんぴょう煮

材料（1回に作りやすい分量）

かんぴょう…40g
しょうゆ…大さじ2と1/2
塩…ふたつまみ
A
　かつお昆布だし…1カップ
　酒…大さじ2
　みりん…大さじ3
　砂糖…小さじ1〜2

作り方

1 かんぴょうは塩でもみ、流水で洗いながす。かぶるくらいの水に15分浸して鍋に戻し汁入れる。
2 中火にかけ、かんぴょうが全体に透き通るまで7〜10分ほどゆで、ざるにあげる。
3 鍋に2を入れ、〈A〉を入れて中火にかける。煮立ったら中火にし、しょうゆを加えて弱めの中火にし、落としぶたをして汁気がなくなるまで15分ほど煮てそのまま冷ます。

しいたけ甘煮

材料（3本分）

干ししいたけ…3枚
酒…大さじ1
みりん…大さじ2
しょうゆ…大さじ2
水…1カップ

作り方

1 干ししいたけは分量の水に6時間以上浸して戻し、石突きを取り、軸は薄切りに笠も薄切りにする。戻し汁はとっておく。
2 鍋に1と戻し汁、酒、みりんを入れ中火にかける。煮立ったらアクを取り除き落としぶたをして弱めの中火で7分煮て、しょうゆを加え、汁気がなくなるまでさらに7〜8分煮る。

すし飯

材料（1回に作りやすい分量）

炊いたごはん…2合分
A（基本のすし酢）
　米酢…大さじ4
　砂糖…大さじ1〜大さじ1と1/2
　塩…小さじ1

作り方

1 すし飯用のごはんは少し硬めに炊く。
2 1を飯台、または大きめのボウルに温かいうちに入れ、しっかりと合わせた〈A〉を加えて、しゃもじで切るように混ぜ、できるだけ広げてひと肌に冷ます。

ワタナベマキ

料理研究家。四季や風土を大切に祖母から教わった昔ながらの料理を現代に寄り添ったレシピにし、書籍、雑誌、テレビ等で伝えている。シンプルな食材と調味料、スパイスを上手に組み合わせ、食感や香りを大切にした料理を得意としている。
Instagram: maki_watanabe

二十四節気七十二候＋行事いろいろ―食で季節を愛でる―
日本の一年、節目の一皿

著者　ワタナベマキ

2024年4月23日　初版第1刷発行

発行者　石川和男
発行所　株式会社小学館
〒101-8001　東京都千代田区一ツ橋2-3-1
電話／編集　03-3230-5125
販売　03-5281-3555

印刷所　共同印刷株式会社
製本所　株式会社若林製本工場

ブックデザイン　有山達也、山本祐衣（アリヤマデザインストア）
撮影　新居明子
スタイリング　城素穂
構成　岡本くみこ
校閲　玄冬書林
制作　浦城朋子、遠山礼子
販売　中山智子
宣伝　鈴木里彩、秋山優
編集　戸沼侚子

ISBN978-4-09-311568-1

器協力　暮らしのうつわ 花田、古裂古美術 蓮